Dalai Lama

Unsere spirituelle Sehnsucht

W0177577

HERDER / SPEKTRUM

Band 4758

Das Buch

„Der Zweck der Religionen besteht nicht darin, herrliche Kirchen oder Tempel zu errichten, sondern positive menschliche Eigenschaften wie Toleranz, Großzügigkeit und Liebe zu kultivieren. Grundlegend für den Buddhismus wie für das Christentum, ja für jede größere Weltreligion, ist die Überzeugung, daß wir unsere Selbstbezogenheit reduzieren und anderen dienen müssen". (S. H. der Dalai Lama im Vorwort zu diesem Buch). Inspiriert vom Geist Thomas Mertons, den der Dalai Lama 1968 in Asien getroffen hatte, fand in dessen Kloster Gethsemane eine Begegnung zwischen führenden Buddhisten und spirituellen Praktikern des Christentums statt. Sie wollten unter den einander widersprechenden Philosphien und Dogmen der Religionen eine Ebene spiritueller Praxis finden und folgenden Fragen nachgehen: Was ist der tragende Grund einer tiefen Menschlichkeit aus religiöser Wurzel? Wo können wir voneinander lernen? Wie sind innerer Frieden und menschliche Güte zu finden – die nicht nur dem einzelnen dienen, sondern eine insgesamt glücklichere und friedlichere Welt erschaffen können? Aus erprobter tiefer spiritueller Verbundenheit (und nach über dreißigjähriger Dialogpraxis über religiöse Erfahrung) wird mit diesem Buch etwas öffentlich, was im dritten Jahrtausend alle bereichern kann: Aus monastischer Überlieferung des Ostens und des Westens werden der Menschheit kostbare Schätze aus einem reichen Erbe angeboten. Ein faszinierendes Buch, das die großen Themen spiritueller Transformation aus der Sicht der beiden Traditionen beleuchtet (Liebe, Reinheit, Geist, tägliche Praxis, Leiden, Gewalt, Toleranz, Frauenthema etc.). Unter den Teilnehmern der Diskussion: David Steindl-Rast, Mary Margaret Funkt OSB, Maha Goshananda, Jeffrey Hopkins, Sharon Salzberg.

Der Autor

Tenzin Gyatso, der XIV. Dalai Lama, ist der wohl bedeutendste Repräsentant des Buddhismus. Träger des Friedensnobelpreises. Bei Herder/ Spektrum u.a.: Der Friede beginnt in dir (4451); Mitgefühl und Weisheit (4288); Sehnsucht nach dem Wesentlichen (4229); Einführung in den Buddhismus (4148); Zeiten des Friedens (4065); Tibet – Ort der Götter, Land der Tränen (4704); Vision des Herzens (4727); Die Kraft des Buddhismus und der Zustand der Welt (4463); Zeiten des Friedens (4065).

Dalai Lama

Unsere spirituelle Sehnsucht

Religiöse Erfahrung als Brücke
zwischen Christen und Buddhisten

Aus dem Amerikanischen
von Karl Friedrich Hörner

Herder

Freiburg · Basel · Wien

Gedruckt auf umweltfreundlichem,
chlorfrei gebleichtem Papier

Alle Rechte vorbehalten – Printed in Germany
© Verlag Herder Freiburg im Breisgau 1999
Gekürzte Ausgabe der 1998 beim Verlag Aquamarin
erschienen Ausgabe „Dalai Lama, Der Pfad des Mitgefühls.
Toleranz, Liebe und Verständnis. Der Dalai Lama im Gespräch".
Die amerikanische Originalausgabe erschien
unter demTitel „The Gethsemani Encounter.
A Dialogue on the spiritual life by buddhist
and christian monastics". Edited by Donald W.
Mitchell and James A. Wiseman O. S. B.
bei The Continuum Publishing Company, New York.
© 1997 Monastic Interreligious Dialogue.
Herstellung: Freiburger Graphische Betriebe 1999
Umschlaggestaltung: Joseph Pölzelbauer
Umschlagmotiv: action press
ISBN: 3-451-04758-6

Inhalt

Vorwort

Es war mir ein großer Quell des Glücks, in der „Begegnung von Gethsemane" mit meinen christlichen und buddhistischen Brüdern und Schwestern zusammenzukommen. Besonders angenehm hat mich dabei berührt, daß wir uns in dem Kloster treffen sollten, in dem einst Thomas Merton zu Hause war. Obwohl wir einander nicht sehr lange gekannt haben, spürte ich doch durch seinen großherzigen Glauben und brennenden Wissensdurst die Inspiration eines verwandten Geistes.

Für uns Teilnehmer war jene Zusammenkunft hingebungsvoller Mönche, Nonnen und spiritueller Laien ein Beweis – so es eines solchen bedürfte –, daß der Zweck der Religion nicht darin besteht, herrliche Kirchen oder Tempel zu errichten, sondern positive menschliche Eigenschaften wie Toleranz, Großzügigkeit und Liebe zu kultivieren. Grundlegend für den Buddhismus wie für das Christentum, ja für jede größere Weltreligion, ist die Überzeugung, daß wir unsere Selbstbezogenheit reduzieren und anderen dienen müssen.

Bedauerlicherweise gelingt es den Religionen, bedingt durch Argwohn und Mißverständnisse, mehr Streit zu verursachen, als sie lösen. Ich glaube, eine Religion kann – so wenig wie eine bestimmte Ernährungsweise – nicht die Hoffnung erfüllen, alle Menschen zufriedenzustellen. Je nach ihrer mentalen Disposition profitieren manche Menschen von der einen Lehre, andere von einer anderen. Alle Glaubensrichtungen vermögen, ungeachtet ihrer einander widersprechenden Philosophien, gute und warmherzige Menschen hervorzubringen. Deshalb haben wir guten Grund, alle Formen der spirituellen Praxis wertzuschätzen und zu achten.

Jede Religion und Kultur besitzt ihre eigenen Charakteristika. Für die Tibeter lag über viele Jahrhunderte hinweg das Hauptgewicht auf der Entwicklung und Erhaltung von inneren Werten wie Mitgefühl und Weisheit. Sie sind für uns wichtiger als materieller Wohlstand, Ruhm oder Erfolg. Wir halten innere Stärke, Sanftmut, Liebe, Mitgefühl, Weisheit und ein stabiles Gemüt für die wichtigsten Schätze, die ein Menschenwesen im Laufe seines Lebens sammeln kann. Doch ich bin mir bewußt, daß diese Sicht zu einer Art von friedlicher Selbstgefälligkeit führen kann. Ich habe das Gefühl, daß wir Buddhisten von unseren christlichen Brüdern und Schwestern viel zu lernen haben. Wir alle wissen um den inneren Frieden, der in Gebet und Meditation zu finden ist, doch unsere christlichen Freunde könnten einen reicheren Erfahrungsschatz gesammelt haben beim praktischen Einsatz dieses inneren Friedens im liebevollen Dienst am Nächsten.

Zusammenkünfte spirituell Praktizierender unterschiedlicher Herkunft, wie im Rahmen der Begegnung von Gethsemane, sind von immensem Wert. Ich glaube, es ist äußert wichtig, daß wir unsere Kenntnis und unser Verständnis der spirituellen Praktiken und Traditionen der anderen erweitern und vertiefen. Das geschieht nicht unbedingt, um sie uns selbst anzupassen, sondern um mehr Gelegenheiten zu schaffen, einander zu respektieren. Manchmal stoßen wir auch in einer anderen Tradition auf etwas, das uns hilft, Aspekte unserer eigenen besser wertzuschätzen. Deshalb hoffe ich, daß Christen und Buddhisten, ja Menschen aller Glaubensrichtungen oder auch ohne Bekenntnis, dieses Buch über die Begegnung von Gethsemane mit dem gleichen aufmerksamen Wissensdurst und Mut studieren werden, für die Thomas Merton bekannt war. Es ist meine Hoffnung, daß die Leser dieses Buches Inspiration und Verständnis aus ihm schöpfen werden, die auf irgendeine Weise zu ihrem inneren Frieden beitragen werden. Und ich bete, daß sie aus jenem inneren Frieden heraus bessere Menschen werden und helfen, eine glücklichere, friedlichere Welt zu erschaffen.

Tenzin Gyatso,
der Dalai Lama

TEIL EINS

Die Reden S. H. des Dalai Lama über die Spiritualität

Gebet und Meditation

Harmonie, Dialog und Meditation

Spirituelle Brüder und Schwestern: Lassen Sie mich am Anfang meiner Rede etwas über meine Grundgedanken zur Harmonie zwischen den verschiedenen religiösen Traditionen der Welt sagen.

Religiöse Harmonie

Der Bedarf an Spiritualität ist offensichtlich. Ich denke, solange es Menschenwesen gibt, ist eine Art von Spiritualität notwendig. Sie mag nicht für *alle* Menschen notwendig sein, doch zumindest für Millionen von Menschen. Deshalb gibt es heute ein sehr großes Interesse und Suchen nach Spiritualität. Gleichzeitig ist jedoch offensichtlich, daß es im Namen der religiösen Traditionen immer mehr Spaltungen zwischen den Menschen gibt, in manchen Fällen sogar Konflikt und Blutvergießen. Nicht nur in der Vergangenheit, sondern sogar heute noch geschieht solches. Das ist sehr, sehr bedauerlich! Auf der einen Seite besteht also immer noch der Wert religiöser Traditionen. Auf der anderen Seite aber geschehen manchmal aufgrund eben dieser religiösen Traditionen sehr bedauerliche Dinge. Es gilt also, die Wahl zu treffen, um einerseits die religiösen Traditionen zu bewahren, andererseits aber zu versuchen, Konflikte durch verschiedene vorübergehende Situationen zu vermeiden.

Es ist ebenfalls recht offensichtlich, daß alle die verschiedenen religiösen Traditionen ungeachtet ihrer unterschiedlichen Philosophien und Ansichten ein großes

Potential besitzen, der Menschheit zu helfen, indem sie Glück und Zufriedenheit der Menschen fördern. Es liegt auf der Hand, daß wir angesichts der großen Mannigfaltigkeit der Menschheit – so viele verschiedene Menschentypen, und so viele unterschiedliche mentale Veranlagungen – eine Vielfalt von religiösen Traditionen brauchen, deshalb ist es gut, daß wir sie haben. Religionen sind wie Medizin, denn es ist wichtig, das Leiden des Menschen zu heilen. In der Praxis der Medizin geht es nicht um die Frage, wie teuer die Arznei ist; wichtig ist, daß die Krankheit eines bestimmten Patienten geheilt wird. Ähnlich, sehen Sie, gibt es eine Vielfalt von Religionen mit ihren unterschiedlichen Philosophien und Traditionen. Ziel oder Zweck einer jeden ist es, die Schmerzen und das Unglück des menschlichen Geistes zu heilen. Auch hier geht es nicht um die Frage, welche Religion als solche überlegen ist; wichtig ist vielmehr, welche Religion eine bestimmte Person besser zu heilen vermag.

Als buddhistischer Mönch, als buddhistischer Praktizierender habe ich aus meiner eigenen buddhistischen Tradition gelernt, wie wichtig die Eignung einer Religion je nach der mentalen Veranlagung eines Individuums ist. Im sogenannten Mahayana-Buddhismus, dem Bodhisattvayana, gibt es beispielsweise unterschiedliche Ansichten über die Wirklichkeit. Auch in der Geschichte des Buddhismus hat es unterschiedliche Interpretationen der *anatma-* (Nicht-Selbst-) Theorie gegeben. Es gibt die Interpretationen von Schulen wie Vaibhashika, Sautrantika, Yogachara und Madhyamika. Gerade in der Vaibhashika-Schule existieren achtzehn verschiedene Unterteilungen. Und auch im Hinblick auf die *Pratimoksha*, unsere klösterliche Disziplin, gibt es buchstäblich zahlreiche Unterschiede.

Die Interpretation jeder Schule basiert auf Shakyamuni

Buddhas eigenen Worten, wie sie in gewissen Sutras aufgezeichnet wurden. So mag sich der Anschein einstellen, daß der eine Lehrer, Shakyamuni Buddha, für seine eigenen Anhänger selbst Widersprüche erschuf. Dies geschah gewiß nicht aufgrund seiner Verwirrung bezüglich seiner eigenen Ansicht, nein, gewiß nicht. Wir glauben, daß Shakyamuni Buddha erleuchtet ist und in voller Erkenntnis der Wahrheit. Daraus müssen wir folgern, daß er absichtlich verschiedene Philosophien lehrte, und zwar entsprechend den unterschiedlichen mentalen Veranlagungen seiner Anhänger.

Bereits aus unserer eigenen Tradition können wir lernen, wie wichtig die mentale Veranlagung eines Menschen ist, um festzustellen, welche religiöse Tradition für ihn oder sie die beste ist. Es geht nicht darum, festzustellen, daß eine Interpretation der Wirklichkeit wahr ist und eine andere deshalb falsch sei und man der ersten folgen sollte. So etwas kann man nicht sagen. Selbst Buddha könnte dies nicht sagen. Aus dieser Erfahrung wird sehr klar, daß für bestimmte Leute der Weg oder die Methode des Christentums viel effektiver ist als andere. Für Menschen wie die Moslems ist deren Zugang besser geeignet. Wir können also nicht sagen: „Diese Religion ist besser, jene Religion ist nicht gut." Das können wir nicht sagen. Doch im Einzelfalle können wir sagen, daß eine bestimmte Religion gut für uns ist. So ist zum Beispiel der buddhistische Weg der beste *für mich*; daran besteht kein Zweifel! Dies bedeutet jedoch nicht, daß der Buddhismus für jedermann der beste Weg ist. Und innerhalb des Buddhismus ist die Madhyamika-Philosophie und insbesondere die Prasangika-Schule der Madhyamika-Philosophie am besten für mich. Doch ich kann nicht sagen, daß diese Sicht für *alle* Buddhisten die beste sei. Das können wir nicht sagen!

Es ist also äußerst wichtig, alle die verschiedenen religiösen Traditionen der Welt, insbesondere aber die Traditionen der großen Weltreligionen wertzuschätzen. Ich denke, es gibt genügend Gründe, die Traditionen aller großen Weltreligionen zu achten und wertzuschätzen.

Der religionsübergreifende Dialog

Es geschah innerhalb dieses Zusammenhangs, daß ich Thomas Merton kennenlernte. Eine Folge meiner Begegnung mit ihm war, daß sich meine Haltung gegenüber dem Christentum sehr verbesserte. Sie veränderte sich sogar beträchtlich. Ich habe Thomas Merton immer als eine starke Brücke zwischen Buddhismus und Christentum betrachtet. So war sein plötzlicher Tod, wie ich meine, ein großer Verlust. Wenn wir uns heute an ihn erinnern, denke ich, ist es das Wichtigste, daß wir an der Erfüllung seiner Wünsche arbeiten. Ich denke, mit unserem Dialog heute erfüllen wir einen seiner Wünsche.

Ich pflege meinen Zuhörern mitzuteilen, daß der religionsübergreifende Dialog das Verständnis und Verhältnis zwischen verschiedenen religiösen Traditionen vertiefen kann. Eine Art des Dialogs besteht aus einer Begegnung von Gelehrten, die auf eher akademische Weise die Unterschiede und Ähnlichkeiten zwischen ihren Traditionen feststellen. Die zweite Art des Dialogs ist eine Begegnung zwischen echten Praktizierenden verschiedener religiöser Traditionen. Sie ist für mich sehr, sehr wichtig und sehr, sehr hilfreich. Ein Beispiel der zweiten Art war meine Begegnung mit dem inzwischen verstorbenen Thomas Merton.

Der dritte Weg des Dialogs ist eine Pilgerreise von Anhängern verschiedener religiöser Traditionen. Sie können sich zusammen auf diesen Weg machen und als Gruppe eine Pilgerreise zu den heiligen Stätten der verschiedenen religiösen Traditionen unternehmen. Die Pilger sollten gemeinsam beten; ist dies nicht möglich, können sie die stille Meditation praktizieren. Dies ist ein sehr effektiver Weg, um den Wert oder die Kraft anderer religiöser Traditionen verstehen zu lernen. So habe ich als Buddhist zum Beispiel keine besondere Verbindung mit Jerusalem. Aber weil ich glaube, daß alle religiösen Traditionen ein großes Potential besitzen, habe ich Jerusalem in diesem Glauben als Pilger besucht.

Die vierte Art des Dialogs ist ein Treffen wie der „Weltfriedens-Gebetstag" in Assisi 1986. Während ihres Aufenthalts dort kamen religiöse Führer zusammen und wechselten einige nette Worte. Auch dies war sehr hilfreich. Vor den Augen von Millionen von Menschen war es sehr, sehr hilfreich. Ich denke, unser Treffen hier hat eine ähnliche praktische Bedeutung, weil diese Art der Arbeit schließlich eine positivere Atmosphäre an der Basis erschafft, und in dieser Atmosphäre können religiöse Führer dann die verschiedenen entscheidenden Themen besprechen.

Ich denke, die ersten beiden Arten von Dialog finden hier tatsächlich statt. Gestern sprachen die Gelehrten Jeffrey Hopkins und Donald Mitchell. Mitchells Darbietung über seine christliche Philosophie war wirklich fabelhaft! Beide Ansprachen waren sehr, sehr fabelhaft. Die Referenten sprachen auch als Praktiker, doch ihre Worte kamen mehr von der akademischen Ebene. Dies ist sehr nützlich, sehr hilfreich.

Die Ansprachen von heute handelten von der religiösen Erfahrung. Ein besonders großer Teil der Fragen und Antworten handelte davon, wie man mit Wut umgehen kann. Dieser Teil der Gespräche, das fühlte ich deutlich, war ein klares Beispiel des spirituellen Dialogs. Die christlichen ebenso wie die buddhistischen Praktizierenden erkennen, daß Wut etwas Negatives ist. Beide haben wir an diesem Problem zu arbeiten, auch wenn unsere Methoden unterschiedlich sind. Christen haben einen Glauben an Gott und versuchen, auf diesem Weg an dem Problem zu arbeiten. Buddhisten haben einen anderen Weg. Doch er verfolgt das gleiche Ziel, den gleichen Zweck. So denke ich, daß dieser Weg des Austauschs durch Fragen und Antworten der angemessene Weg des Dialoges ist.

Wir sind nicht hierher gekommen, um für unsere eigene Religion Reklame zu machen, und gewiß auch nicht zu einem Wettbewerb. Aber ich denke, wir sollten eine Art konstruktiven Wettbewerb haben. Die Buddhisten sollten im täglichen Leben anwenden, woran sie glauben, und unsere christlichen Geschwister sollten ebenfalls ihre Lehren ins tägliche Leben umsetzen. Ja, ich denke, auf diesem Gebiet sollten wir etwas Wettbewerb haben. Da jede Seite die besseren Praktizierenden aufweisen möchte, kann ein solcher Wettbewerb nicht schaden – und er ist wirklich konstruktiv. Andererseits glaube ich nicht, daß es viel nützt zu sagen, daß meine Praxis besser sei als andere. Dies jedenfalls ist meine Ansicht und mein Gefühl zu der Begegnung unserer religiösen Traditionen.

Meditation

Von diesem Glauben ausgehend, möchte ich nun über die einzigartige buddhistische Übung dessen sprechen, was Sie Meditation oder Kontemplation nennen. Die genaue Bedeutung des Begriffes Kontemplation kenne ich zwar nicht, doch ich will versuchen, etwas zu erklären, das auch für die christlichen Praktizierenden nützlich sein mag und von ihnen übernommen werden könnte. Dies kann, wie ich meine, ein Weg sein, einander zu bereichern. Ich werde nun also nicht darüber sprechen, ob es einen Schöpfer gibt oder nicht. Dies ist zu kompliziert; und überhaupt denke ich, daß es jenseits unseres Erfassungsvermögens liegt. In dieser Angelegenheit ist es besser, dem *eigenen* Glauben zu folgen. Auf diese Weise können Sie irgendwie befriedigende Ergebnisse erlangen. Andernfalls ist die Sache zu kompliziert. Über Jahrhunderte hat es in Indien große Debatten zwischen buddhistischen Logikern und nichtbuddhistischen Logikern gegeben – mit welchem Resultat? Daß das Argumentieren und Diskutieren immer weitergeht. Deshalb ist es besser, sich an den eigenen Glauben zu halten. Nach dem eigenen Glauben aufrichtig und gewissenhaft zu praktizieren, um ihn anzuwenden, das ist der wichtige Punkt.

So wollen wir uns nun den buddhistischen Wegen zur Meditation zuwenden. Das tibetische Wort für Meditation ist *sgom*. Es erscheint in den heiligen Schriften, ist aber tatsächlich ein untrennbarer Bestandteil des gewöhnlichen, täglichen Lebens. Es bedeutet, sich mit bestimmten Objekten oder Haltungen vertraut zu machen. In unserem täglichen Leben lassen wir uns normalerweise auf die eine oder andere Art von „Meditation" ein. Denken Sie zum Beispiel nur daran, wie wir uns emotional berührt fühlen, wenn wir etwas Schönes sehen, oder wie es ist, ein Objekt zu sehen, das uns unglücklich stimmt. In beiden Fällen gebrauchen wir eine Art analytischer Meditation, die das Denken einschließt. Je mehr wir untersuchen, desto stärker entwickelt sich die Leidenschaft. Nach jeder Art von analytischer Meditation ist man imstande, zu einer Schlußfolgerung oder zu einer Art von Überzeugung zu gelangen. Man erkennt: „Oh, das ist etwas Positives!" oder „Das ist etwas Negatives!" Diese Überzeugung des Geistes ist eine Form von zielgerichteter Meditation. So üben wir uns im täglichen Leben immer wieder in analytischer Meditation und zielgerichteter Meditation. Der Zweck der Meditation ist es, uns mit jeglichem Gegenstand und jeder Denkhaltung vertraut zu machen, über den oder die wir mehr erfahren möchten. Das ist die Bedeutung der Meditation als Vertrautmachung.

Diese Praxis der Meditation wird wichtig für die Verwandlung unseres Geistes; dies muß auch für den christlichen Praktizierenden gelten. Natürlich suchen Sie Hilfe oder Segen von Gott. Aber zur spirituellen Transformation muß auch unser eigenes Bemühen beitragen. Gottes Segen ist immerzu vorhanden, und Gottes Gnade ist immer da. Aber aus der Sicht des Nichtgläubigen zieht dieser Segen vielleicht nicht in sein Leben ein, oder er kann nicht leicht Einzug halten, weil der Aspekt des eigenen Bemühens von seiner oder ihrer Seite fehlt. Also haben auch christliche Praktizierende eine Art persönlicher Bemühung, um die Spiritualität aufzuwenden. Und an dieser Stelle ist die Meditation ein wertvolles Mittel.

Wie kann man beispielsweise durch Meditation auf die rechte Weise Glauben entwickeln? Mit Hilfe unserer beiden Arten der Meditation. Man praktiziert zuerst die analytische Meditation und denkt darüber nach, wie groß Gott ist, wie gnädig Gott ist. Nach der Verwendung dieser Gründe in der analytischen Meditation gelangt man zu einer Art von Überzeugung: „Ja, dies ist definitiv der Fall!" Lassen Sie danach, ohne weitere Untersuchungen, Ihren Geist einfach in diesem Glauben, in diesem Vertrauen ausruhen. Das ist zielgerichtete Meditation. Diese beiden Formen der Meditation aus der buddhistischen Tradition müssen Hand in Hand gehen. Sie sehen also, Glaube ist nicht ein bloßes Sich-Verlassen auf Worte. Vielmehr verbindet er die eigene Erfahrung und das Evangelium zur Entwicklung einer festen Überzeugung. Das ist in jeder Religion sehr wichtig und sogar notwendig.

Es gibt auch zwei weitere Arten der Meditation, die hilfreich sein können. Bei der ersten konzentrieren Sie sich auf ein bestimmtes Objekt und meditieren dann darüber. In diesem Falle üben Sie Ihren Geist durch die meditative Haltung. Als Beispiel wäre etwa denkbar, daß ein christlicher Praktiker sich der Größe Gottes gewahr wird. In diesem Falle gibt es ein separates Objekt als Brennpunkt der Meditation. Ein Beispiel für die zweite Art läge vor, wenn der christliche Praktiker meditiert, um seinen Gauben zu kultivieren. In diesem Falle kultivieren Sie Ihren Geist in der Natur des Glaubens. Wenn wir in der buddhistischen Praxis beispielsweise über Mitgefühl oder liebevolle Freundlichkeit meditieren, verwandelt sich unsere Geisteshaltung in die jeweilige Mentalität. Wenn wir in der buddhistischen Praxis hingegen über Vergänglichkeit oder über *anatma* meditieren, pflegen wir die erstgenannte Meditationsart – wir befassen uns mit einem Gegenstand der Meditation.

Nun wollen wir uns dem komplizierten Punkt der verschiedenen Formen des Dualismus und Nicht-Dualismus zuwenden. Die Bedeutungen von Dualismus und Nondualismus hängen von dem Kontext ab, in dem Sie diese Begriffe gebrauchen. Lassen Sie uns gleichwohl das Beispiel von dem Gewahrsein der Vergänglichkeit nehmen. Allgemein gesprochen, beruht dieses Gewahrsein anfangs nicht auf Erfahrung, sondern stützt sich auf die Schriften oder die Worte eines anderen. Doch dann meditiert man darüber und greift dabei auf Methoden der analytischen Meditation und der zielgerichteten Meditation zurück, die wir vorhin besprachen. Nach viel Nachsinnen und Reflektieren wird einem Vergänglichkeit vertraut. In einer bestimmten Phase dann erkennen Sie diese Gründe und gelangen zu einer umfassenderen Überzeugung bezüglich der Vergänglichkeit, die Sie nun durch diese Gründe mit voller Zuversicht beweisen können.

In diesem Stadium der Meditation ist das Gewahrsein der Vergänglichkeit viel fester als das, was ihm vorausging. Natürlich dachten Sie früher bereits, daß alle Dinge vergänglich und jeden Augenblick im Wandel begriffen sind. Doch durch das Denken in der analytischen Meditation entwickeln Sie nun eine feste und volle Überzeugung. Wenn sie dann weitergehen ohne irgendein weiteres Nachdenken, kommt es zu einer spontanen Erkenntnis der Vergänglichkeit. Wann immer Sie etwas sehen, haben Sie ohne irgendeine weitere Bemühung eine spontane Erkenntnis oder ein Gewahrsein der Vergänglichkeit. In diesem nicht erdachten Zustand der lebhaften Erkenntnis und entwickelten Erfahrung der Vergänglichkeit gibt es eine Art direkter Wahrnehmung, in der Ihr Geist mit der Vergänglichkeit gewissermaßen verschmolzen ist. Aus dieser Perspektive gibt es keine dualistische Erscheinung. Dieser Meditationsprozeß kann bei jedem religiösen Individuum zu einem ähnlichen Ergebnis führen. Deshalb, denke ich, mag es für unsere christlichen Geschwister nützlich sein, sich auch diese Art von Meditationstechnik zunutze zu machen.

Praktischer Rat

Wenn wir uns ernsthaft auf die Praxis der Meditation einlassen, spielt auch die Ernährung eine wichtige Rolle. Man sollte eine leichte Ernährungsweise befolgen, die auch für den Körper sehr gut ist. Tägliche Routine ist ebenfalls wichtig. Wie in Thomas Mertons Tagesablauf ist das frühmorgendliche Aufstehen sehr gut. Manche Menschen, besonders in der Großstadt, tun das Gegenteil. Sie bleiben nachts noch sehr lange auf und sind dabei sehr geschäftig und hellwach. Am folgenden Morgen schlafen sie friedlich, noch nachdem die Sonne bereits aufgegangen ist. Für einen Praktizierenden ist diese Art von Lebensweise sehr schlecht. Stehen Sie deshalb früh am Morgen auf: Die Frische des frühen Morgens ist die Frische unseres Geistes. Und dafür brauchen Sie genügend Schlaf, also gehen Sie früh zu Bett. Ich denke, daß Thomas Mertons Tagesablauf, den uns Sr. Margaret Funk in ihrem Vortrag zur Kenntnis brachte, sehr zu empfehlen ist.

Kommen wir nun zur Frage der Haltung. Generell ist auch diese recht wichtig. Sie sollten gerade sitzen. Die buddhistische Begründung für diese Körperhaltung lautet, daß Ihre Körperenergie normaler zirkuliert, wenn Sie aufrecht bleiben. Wenn Sie seitlich geneigt sitzen, dürfte Ihr Körper nicht so im Gleichgewicht sein. Deshalb sollten Sie auf Ihre gerade Haltung achten. Gleichwohl denke ich nicht, daß es sehr wichtig ist, mit übereinandergeschlagenen Beinen zu sitzen. Manchen Leuten hilft es nicht bei der Meditation, sondern es verursacht zusätzliche Schmerzen. Also ich denke nicht, daß dies sehr wichtig ist. Sie können eine bequemere Haltung finden, wenn Sie wollen.

Da ist noch eine andere Sache. Laut buddhistischer Tradition ist es möglich, daß Sie eine Art von außergewöhnlichem Verständnis oder Gewahrsein erhalten. Denken Sie zum Beispiel an den Glauben. Manchmal kann ohne bestimmten Grund eine Art von spontanem Gefühl auftreten. Aus der Sicht unserer Tradition ist ein solches Erlebnis, das durchaus positiv sein mag, nicht sehr zuverlässig. Am einen Tag mag der Glaube spontan da sein, doch am nächsten Tag wieder nicht. Wenn Sie jene Art von spontanem Glauben erleben, ist es sehr hilfreich, diesen Glauben aufrechtzuerhalten und durch eigenes Bemühen zu pflegen. Sie sollten sich also auf das bloße Spontanerlebnis nicht allzu sehr verlassen. Es kommt und geht, kommt und geht. Das andere, dauerhaftere Glaubenserlebnis, das durch kontinuierliches Bemühen zu entwickeln ist, ist viel zuverlässiger.

Noch etwas zur Meditationspraxis. Ich denke, daß sowohl bei der analytischen Meditation als auch bei der zielgerichteten Meditation die Wachheit des Geistes wichtig ist, also einen hellwachen Geist zu haben. Das ist sehr, sehr wichtig. Bei der analytischen Meditation ist die

Wachheit des Geistes allgemein von entscheidender Bedeutung für den analytischen Prozeß. Doch bei der zielgerichteten Meditation muß die hellwache Klarheit des Geistes auch aufrechterhalten werden. Ansonsten entwickelt sich die Erfahrung der Zielgerichtetheit manchmal aus der Dunkelheit. Das ist überhaupt keine Hilfe. Sie müssen hellwach und auf den Gegenstand der Meditation konzentriert bleiben. Andernfalls besteht die Gefahr, ein mentales Sinken irrtümlich für zielgerichtete Meditation zu halten. Sie sehen also: Während Ihre Wachheit abnimmt, geht auch die Beweglichkeit des Geistes automatisch zurück. Und in diesem Moment haben Sie vielleicht das Gefühl, daß Ihr Geist sich wirklich auf den Gegenstand der Meditation konzentriert. Sie empfinden sogar eine Art von Ruhe. Doch diese Art von Ruhe ist nicht positiv und nicht konstruktiv. Wenn Sie diese negative Art von Ruhe pflegen, wird die Wachheit Ihres Geistes abnehmen. Das ist sehr schädlich. Es ist also sehr, sehr wichtig, einen klaren und hellwachen Geist zu bewahren.

Wie können Sie volle Wachheit aufrechterhalten? Wenn Ihre mentale Energie nachläßt, gelangen Sie in keinen erhöhten Geisteszustand. Wenn Sie beispielsweise eine zielgerichtete Meditation beginnen und wenn Ihr Geist gerade in einer leicht traurigen Stimmung ist, dann reduziert diese Stimmung automatisch die Wachheit des Geistes. Unter solchen Umständen müssen Sie folglich einige Mühe aufwenden, um den Zustand ihres Geistes oder Gemüts anzuheben. Eine Methode wäre es, an Gottes Gnade oder Barmherzigkeit oder ähnliche Dinge zu denken und darüber nachzusinnen, wie sehr wir doch vom Glück begünstigt sind. Wenn Sie an solche Dinge denken, die Sie mit einem Glücksgefühl erfüllen und Ihnen mehr Hoffnung und Selbstvertrauen geben, wird sich Ihre Stimmung heben.

Manchmal erleben Sie das Gegenteil, das heißt, Ihr Geist ist vielleicht zu erregt. Dieser Zustand des Geistes ist ebenfalls ein großes Hindernis für die Zielgerichtetheit. Wenn Sie im Begriff sind, die zielgerichtete Meditation zu üben, und ihr Geist ist aufgrund der Erregung zu sehr abgelenkt, dann erinnern Sie sich an die Tatsache, daß sich Ihre spirituelle Praxis, Ihr spirituelles Erleben aufgrund solcher mentaler Einstellungen nicht weit entwickeln werden. Denken Sie daran, daß Sie wegen dieses erregten Zustandes keine Zielgerichtetheit des Geistes erlangen können. Dann wird Ihre Stimmung ein wenig gedämpft. Wenn Sie feststellen, daß die Erregung Ihres Geistes ein wenig nachgelassen hat, dann setzen Sie Ihre Meditationsübung mit kühlerem Kopfe fort. Dies sind Hilfen zur Vermeidung von mentalem Trübsinn oder Erregung bei der Meditation. Damit sind meine Reflexionen über die Praxis der Meditation vollständig.

Wachstum und Entwicklung

Der Weg zur geistigen Ruhe

Heute werde ich über die Entwicklung eines Zustandes der Meditation oder des Samadhi sprechen, den wir „geistige Ruhe" nennen; dabei werde ich aus buddhistischen Texten zitieren. Gleichwohl ist diese Praxis sowohl bei Buddhisten als auch bei Nichtbuddhisten gebräuchlich; so wird sie zum Beispiel in Indien von Buddhisten wie auch von Nichtbuddhisten praktiziert. Deshalb habe ich das Gefühl, daß unsere christlichen Geschwister diese Form der Meditation ebenfalls praktizieren könnten.

Fehler und Gegenmittel

Im Hinblick auf das Erreichen des Zustandes von geistiger Ruhe gibt es fünf Fehler oder fünf Faktoren, die der Entwicklung von geistiger Ruhe im Wege stehen; gegen diese fünf Fehler gibt es acht Gegenmittel. Der erste Fehler ist Trägheit. Der zweite heißt „Vergessen der Anweisungen", was aber bedeutet, den Gegenstand der Meditation zu vergessen. Der dritte ist Verschwommenheit und Erregung. Der vierte ist Nichtanwendung der Gegenmittel, und der fünfte ist die unnötige Anwendung der Gegenmittel.

Nun zu den acht Gegenmitteln für die fünf Fehler: Hinsichtlich des ersten Fehlers, der Trägheit, gibt es vier Gegenmittel. Diese sind Vertrauen, Anstreben, Tatkraft und Beweglichkeit. Vertrauen bedeutet hier das Vertrauen in die Qualitäten der meditativen Verankerung. Anstreben ist das Anstreben der meditativen Verankerung und entwickelt sich aus dem Vertrauen. Tatkraft bedeutet sich anzustrengen, um die meditative Verankerung zu erlangen. Das letzte Gegenmittel, die Beweglichkeit, steht im Anfangsstadium noch nicht zur Verfügung, doch es ist zu Beginn sehr hilfreich, wenn man sich ihre Qualitäten bewußt macht. Dazu gehören: daß der Körper im Vergleich zum gewöhnlichen Zustand sehr leicht und geschmeidig sein wird und daß man fähig ist, seinen Sinn auf jede Tugend auszurichten, die man sich wünscht. Als Gegenmittel zur Trägheit können Sie damit also die Vorzüge der Beweglichkeit betrachten – das heißt, Sie können an sie denken, sie sich bewußt machen –, die Sie durch Überwinden der Trägheit erreichen werden.

Von den verschiedenen Arten der Trägheit ist recht häufig jene, bei der Sie das Gefühl haben: „Oh, ich bin nicht in der Lage, dies zu tun; ich bin dem nicht gewachsen; ich kann das unmöglich tun!" Obwohl diese Einstellung oft nicht ausdrücklich erwähnt wird, ist es sehr wichtig, diesem psychologischen Gefühl der Minderwertigkeit entgegenzuwirken. Dies ist möglich durch Nachdenken über die mannigfachen ermutigenden und aufbauenden Worte, die von den verschiedenen Schulen gelehrt werden. Ein guter Weg für einen Buddhisten ist zum Beispiel, über die Buddha-Natur zu reflektieren, die in jedem ist, und deshalb auch in ihm. Ein Buddhist könnte auch über die beglückende Situation der Muße und des Glücks reflektieren, die er bereits erreicht hat, obwohl sie doch schwer zu erlangen ist. Man hat einen menschlichen Körper mit einer Lebenszeit, die einem genug Zeit gibt, das spirituelle Leben zu üben, und auch die zum Praktizieren günstigen Umstände gewährt. Durch Reflektieren über diese Gegebenheiten kann man erkennen, in welch guter Situation man sich befindet, und damit die Trägheit überwinden, sich minderwertig oder unfähig zu fühlen. Aus christlicher Sicht könnte man über die Tatsache reflektieren, daß

Gottes Gnade immer gegenwärtig ist, daß die Segnungen von Gott immer da und bereit sind, angenommen zu werden. Von diesem Standpunkt aus kann man die Art von Trägheit überwinden, die einem einflüstert: „Ich kann dies unmöglich tun!"

Objekte der Meditation

Der nächste Fehler – das Vergessen des Gegenstandes, über den Sie meditieren – wird durch Achtsamkeit überwunden. Doch bevor wir diesen Fehler und sein Gegenmittel untersuchen, dürfte es hilfreich sein, einige Arten von Meditationsgegenständen im Buddhismus zu nennen. Eine heißt „ein Objekt zur Läuterung von Leidenschaften". Aus buddhistischer Sicht hat man sich über viele vergangene Lebenszeiten bestimmten Leidenschaften hingegeben mit dem Ergebnis, daß einen in diesem Leben eine dominierende Leidenschaft begleitet, zum Beispiel Begierde, Haß, Verblendung, Stolz oder Sprunghaftigkeit. Also meditiert man über einen Gegenstand, welcher der vorherrschenden Leidenschaft entgegenwirken wird. Jemand, der beispielsweise viel Haß in sich trägt, würde sich auf Liebe konzentrieren. Jemand, der viel Begierde hat, würde sich auf Häßlichkeit konzentrieren. Jemand, der sehr verblendet ist, würde darüber meditieren, wie der Kreislauf des Leidens aus dem Prozeß des abhängigen Entstehens hervorgeht. Jemand mit viel Stolz würde über die fünf mentalen und physischen Aggregate oder die anderen Bestandteile unserer Existenz reflektieren. Jemand, der von Sprunghaftigkeit dominiert wird, würde über das Ein- und Ausgehen des Atems meditieren. Sie sehen also, daß es eine Vielzahl von Leidenschaften gibt, und für jede Leidenschaft gibt es verschiedene Objekte, über die man meditieren kann, um sie zu lindern.

Von den verschiedenen Kategorien der Meditationsgegenstände möchte ich gerne jene besprechen, die man „umfassende Objekte" nennt. Diese Objekte werden umfassend genannt, weil sie sowohl zur Entfaltung der geistigen Ruhe als auch zur Entwicklung von „besonderer Einsicht" geeignet sind. Zu dieser Kategorie gehören vier Arten von Meditationsobjekten. Eine Art heißt „ein Bild zusammen mit Analyse", eine andere „ein Bild ohne Analyse". Das „Bild ohne Analyse" kommt bei der Entwicklung von geistiger Ruhe zum Einsatz. Das „Bild mit Analyse" wird zur Entwicklung von besonderer Einsicht gebraucht. Außer diesen beiden Arten gibt es zwei weitere. Die erste der beiden wird „die Grenzen der Wirklichkeit" genannt und bezieht sich auf die Vielfalt der Phänomene und ihre endgültige Natur. Der zweite wird genannt „die Ziele, die man zu erreichen trachtet"; damit sind die Ziele der Meditation gemeint. Ich denke, jede dieser Kategorien kann noch unterteilt werden in bezug auf das Erreichen von geistiger Ruhe bzw. besonderer Einsicht. Ich möchte hinzufügen, daß geistige Ruhe sowie besondere Einsicht sowohl für Buddhisten als auch für Nichtbuddhisten gebräuchlich sind.

Wie ich bereits in meinem früheren Vortrag über Meditation erwähnte, dient die analytische Meditation der Entwicklung von besonderer Einsicht, und die Ziel- oder verinnerlichende Meditation der Entwicklung von geistiger Ruhe. Der Unterschied zwischen geistiger Ruhe und besonderer Einsicht wird nicht durch die jeweiligen Objekte der verschiedenen Meditationswege bestimmt. Vielmehr ergibt sich der Unterschied daraus, *wie* man die Objekte der Meditation einsetzt. So gibt es zum Beispiel geistige Ruhe, die sogar Leerheit beobachtet; und es gibt besondere Einsicht, die die Mannigfaltigkeiten der Phänomene beobachtet. Für einen Christen gäbe es sowohl die verinnerlichende als auch die analytische Meditation, also beispielsweise sowohl verinnerlichende als auch analytische Meditation für die Entwicklung des Glaubens an Gott. Und es könnte auch sowohl verinnerlichende als auch analytische Meditation zur Entwicklung der Liebe zu den Mitmenschen geben.

Welches sind nun die Objekte, die dem Geist in diesen Arten der Meditation erscheinen? Wir sprechen dabei nicht von Erscheinungen vor unserem Sinnesbewußtsein; durch ein Sinnesbewußtsein gelangt man nicht zur Meditation. Vielmehr handelt es sich um eine Erscheinung vor dem begrifflichen Geist oder inneren Geist, eine Erscheinung von Objekten, die mit den Sinnen gesehen worden sind. Diese Arten der Meditation werden im Hinblick auf jene eher inneren Bilder erreicht. Aus diesem Grunde werden sie nicht-analytische *Bilder* und analytische *Bilder* genannt. Zur Unterstützung der sich bereits in Anfängen entwickelnden geistigen Ruhe könnte man sogar über eine Blume meditieren. Dies wäre dann nicht die Blume, die Sie mit Ihrem Sinnesbewußtsein – mit Ihrem visuellen Bewußtsein – sehen, sondern es handelte sich um ein Bild von jener wahrgenommenen Blume, das Sie im Geiste haben. Sie würden sich also auf jenes innere Bild konzentrieren. Um aber den Prozeß zu beginnen, könnten Sie die Blume sehr aufmerksam betrachten, um sich mit ihr vertraut zu machen. Sie könnten Ihren Blick auf ein Detail richten und dann sehen, ob es Ihnen gelingt, es sich vorzustellen. Dann könnten Sie eine andere Einzelheit betrachten und sich diese einprägen und so weiter. Auf diese Weise könnte das innere Bild der Blume ganz deutlich aufgebaut werden.

Nachdem dies über die Objekte der Meditation gesagt ist, können wir betrachten, wie die Funktion der Achtsamkeit dazu dient, einen davon abzuhalten, durch andere Objekte abgelenkt zu werden. Achtsamkeit kann Ihnen nur bei einem Objekt dienen, mit dem Sie vertraut sind, mit dem Sie eine Verbindung aufgenommen haben. Indem Sie dann Achtsamkeit entwickeln, kann diese ihre Funktion erfüllen, der Ablenkung durch andere Objekte vorzubeugen. Es ist also hauptsächlich der Geschicklichkeit der Achtsamkeit zu verdanken, daß man geistige Ruhe erlangen kann.

Um eine starke Achtsamkeit zu entwickeln, ist es wichtig, in allen Aspekten seines Verhaltens achtsam zu handeln. Ob man umhergeht oder ob man steht, ob man sitzt oder sogar liegt, ist es wichtig, die Achtsamkeit auf das gerichtet zu halten, was man gerade tut. Um die Achtsamkeit fortwährend aufrechtzuerhalten, ist Gewissenhaftigkeit notwendig. Dies ist für *alle* religiösen Praktizierenden sehr wichtig. Und darum ist es notwendig, für die Entwicklung der geistigen Ruhe eine ethische Grundlage zu besitzen. Ethisches Verhalten nämlich verlangt, daß man Achtsamkeit auf das gerichtet hält, was man gerade tut, und Gewissenhaftigkeit im Hinblick auf das, was man gerade tut. Achtsamkeit und Gewissenhaftigkeit, die in der moralischen Praxis entwickelt werden, helfen einem auch in der Meditation.

Stille ist auch sehr, sehr wichtig in der Praxis der Achtsamkeit. Der Grund dafür ist, daß wir viele verschiedene Gedanken haben, und viele verschiedene Ideen gehen uns durch den Sinn. Jene Gedanken entstehen, als folgten sie Klängen. Die Sprache selbst führt deshalb eine Menge verschiedener Gedanken herbei. Aber wenn man still bleibt, wird diese Stille mit der Zeit allmählich die Zahl der Gedanken reduzieren. In Dharamsala lebt ein religiöser Praktizierender, der von Zeit zu Zeit einen Monat in völligem Schweigen verbringt. Doch an Samstagen spricht er. Manchmal praktiziert jene Person dies über mehrere Monate hinweg. Durch Unterstützungen wie diese also wird das Objekt der Meditation von der Kraft der Achtsamkeit festgehalten.

Zerstreuung und Konzentration

Das Gegenmittel für den Fehler „Verschwommenheit und Erregung" ist die Innenschau. Wenn man eine starke Achtsamkeit entwickelt hat, wird die Innenschau von selbst folgen. Doch der spezielle Weg zur Entwicklung der Innenschau ist, von Zeit zu Zeit zu inspizieren, was mit Ihrem Körper und Ihrem Geist vorgeht. Die gröbere Form der Verschwommenheit ist die Dunkelheit, in der man das Objekt der Meditation aus dem Sinn verliert. Bei der feineren Form der Verschwommenheit ist das Objekt zwar deutlich genug, doch dem Subjekt, dem Meditierenden, mangelt es an Klarheit. Das heißt, das Bewußtsein, das Aufmerksamkeit auf das Objekt richtet, ist selbst unklar. In diesem Falle besteht eine große Gefahr, die subtile Verschwommenheit mit echter Meditation zu verwechseln.

Es ist auch wahr, daß „Zerstreutheit", das heißt Ablenkung von irgendeinem Objekt, ein ernster Fehler für die sich entwickelnde Meditation ist. Doch Begierde ragt hervor als wichtiger Grund der Zerstreutheit, weil jedermann aufgrund der Objekte seines Verlangens eine große Zahl von Ablenkungen erfährt. Deshalb wird in diesem Zusammenhang an Stelle von Zerstreuung häufig Erregung, das heißt begehrende Erregung betont und erwähnt. Tatsächlich ist jede Art von Zerstreuung und Ablenkbarkeit schädlich. Wenn Sie in der Meditation beispielsweise den Glauben an Gott kultivieren und sich dabei von einem anderen Gegenstand der Meditation ablenken lassen – etwa der Kultivierung des Mitgefühls –, dann muß diese Ablenkung *augenblicklich* gestoppt werden. Auch wenn die meditative Kultivierung des Mitgefühls im allgemeinen durchaus lobenswert ist, sollte sie zu einer anderen Zeit erfolgen. Das gleiche gilt in bezug auf die Kultivierung von Mitgefühl in der Meditation. Wenn Sie sich dabei irgendwann von der Meditation zur Entwicklung Ihres Glaubens an Gott ablenken lassen, dann muß diese glaubensförderliche Meditation *augenblicklich* gestoppt werden.

Ich möchte dies durch eine Illustration verdeutlichen: Es ist, als versuchte man, ein Feuer zu entzünden und es durch Zugabe von brennbarem Material am Brennen zu halten. Wenn Sie statt dessen etwas anderes tun – und sei es auch etwas Gutes –, dann lassen Sie das Feuer kleiner werden oder erlöschen, und Sie werden wieder von vorn anfangen müssen. Ähnlich ist es bei der Meditation: Wenn Verschwommenheit und Erregung aufkommen, gerät der Geist leicht unter ihren Einfluß. Dann ist es ein Fehler, nicht augenblicklich die Gegenmittel von Verschwommenheit und Erregung anzuwenden. Damit hätten wir es mit einem Beispiel für den vierten Fehler zu tun, nämlich die „Nichtanwendung von Gegenmitteln". Die Gegenmittel der Verschwommenheit gehören alle in die Kategorie „Steigerung der geistigen Aufnahmefähigkeit". Die Gegenmittel der Erregung gehören alle in die Kategorie „Zulassen eines Absinkens der geistigen Wahrnehmungsfähigkeit". Wenn Sie die Gegenmittel zu Zerstreutheit oder Erregung angewandt haben, und dasjenige von beiden, das Sie beunruhigt hat, tatsächlich zurückgegangen ist, wird eine weitere, über die Notwendigkeit hinausgehende Anwendung des Gegenmittels selbst wiederum zu einem Fehler. Das ist dann der fünfte Fehler, die „unnötige Anwendung der Gegenmittel". In diesem Falle müssen Sie einfach aufhören, das Gegenmittel anzuwenden. So also sind die acht Gegenmittel einzusetzen, um die fünf Fehler in der Meditationspraxis zu überwinden.

Stufen der Meditation

Lassen Sie uns nun betrachten, durch welche Erfahrung man auf dem Wege zur geistigen Ruhe geht, wenn man die acht Gegenmittel für die fünf Fehler anwendet. Die erste Stufe heißt „Richten des Geistes"; hier versucht man, den Geist auf den Gegenstand der Meditation einzustellen. Wenn es einem dank entsprechender Bemühungen gelingt, den Geist kontinuierlich auf das Objekt gerichtet zu halten, wird diese Stufe „stetiges Richten" genannt. Sowie man Anzeichen von Zerstreuung bemerkt, lenkt man den Geist auf das Objekt zurück. So erreicht man schließlich die Stufe, auf der man zwei Drittel der Zeit auf das Objekt konzentriert bleiben kann. Diese Stufe wird „Wieder-zurück-Richten" genannt. Wenn man bei der Anwendung der Gegenmittel für die grobe Verschwommenheit und Erregung erfolgreicher geworden ist, gelangt man auf die vierte Stufe, „zunehmendes Richten" genannt. Danach, beim Umgang mit subtiler Verschwommenheit und Erregung und ihrer Überwindung, geht man durch die fünfte („Zähmung") und die sechste Stufe („Beruhigung") und gelangt zur siebten (genannt „vollständige Beruhigung") und über die achte Stufe („Ausbildung der zielgerichteten Meditation") schließlich auf die neunte Stufe („Versetzen in Gleichgewicht").

In den buddhistischen Texten steht geschrieben, daß man mit dieser neunten Stufe die Ebene der zielgerichteten Konzentration erreicht, die jedoch noch Teil des „Begierde-Bereichs" ist. Im Buddhismus sprechen wir von drei Bereichen: Begierde-Bereich, Formbereich und formloser

Bereich. Das „Versetzen in Gleichgewicht" gehört immer noch zum Wunschbereich. Diese neunte Stufe ist zwar an sich nicht geistige Ruhe, doch durch kontinuierliche Meditation auf dieser Stufe kann man die geistige Ruhe entwickeln. Sowohl buddhistische als auch hinduistische Quellen stellen diese geistige Ruhe als den Beginn der Vorbereitung für eine Ebene der Meditation dar, die „erste Konzentration" *(jhana)* genannt wird. Die geistige Ruhe wird aus dieser Sicht als „nicht unfähig" bezeichnet, weil man durch ihre Kultivierung fähig wird, zur ersten Konzentration zu gelangen. Dann durch weiteres, kontinuierliches Üben kann man weiter die zweite, dritte und vierte Konzentration erlangen. Diese vier Konzentrationsstufen gehören zum Formbereich.

Über diese vier Konzentrationen hinaus gibt es noch die vier höheren Zustände, „Absorptionen" genannt, die zum formlosen Bereich zählen. Die Objekte dieser Absorptionen umfassen grenzenlosen Raum, grenzenloses Bewußtsein, das sogenannte Nichts, und den Gipfel des Daseinskreislaufs. Unsere christlichen Geschwister, denke ich, benötigen die vier Körper und die vier formlosen Absorptionen nicht. Was sie brauchen, ist die Entwicklung der geistigen Ruhe oder die Stufe der Zielgerichtetheit des Geistes, die zum sogenannten Wunschbereich gehören. Der Zweck der Erreichung einer solchen Stufe der Meditation ist es, daß Sie sehr feste Geistesqualitäten erlangen können, zum Beispiel Glauben. Die Stabilität dieser Art von Meditation wird Ihren Glauben sehr stärken. Die verschiedenen Arten des Glaubens und anderer spiritueller Eigenschaften des Geistes können dann je nach der religiösen Tradition verstanden und beschrieben werden.

Gemeinschaft und geistige Führung

Spirituelles Geleit
und das Erreichen des Nirvana

Ich möchte zu Beginn gerne über die Rolle des Gurus in der buddhistischen spirituellen Gemeinschaft sprechen.

Die spirituelle Gemeinschaft

Es gibt zwei Arten des Lehrens im Buddhismus: das Lehren durch heilige Schriften und das Lehren durch Erkenntnis. In beiden Fällen beschreitet man den Weg der Erklärung und den Weg der Praxis. Im Zusammenhang mit diesen beiden Wegen des Lehrens ist der *Sangha*, die spirituelle Gemeinschaft, sehr wichtig. Auch im Christentum und besonders im Katholizismus spielt die spirituelle Gemeinschaft eine sehr wichtige Rolle. Ob die Lehre Buddhas eine lebendige Praxis ist oder nicht, kann man im Buddhismus am uneingeschränkten Funktionieren einer bestimmten Zahl von Ordensleuten feststellen. Wenn die klösterliche Gemeinschaft die drei monastischen Grundprinzipien befolgt, dann können wir sagen, daß die Lehre des Buddha noch lebendig ist.

Nachdem Buddha die Erleuchtung erlangte, fing er an, die Regeln der Disziplin zusammenzustellen. Dies begann damit, daß er die fünf Asketen, die ihn begleiteten, aufforderte, ihre Untergewänder so zu tragen, daß die Säume nicht schief hingen. Schließlich lehrte Buddha die *Pratimoksha* des Mulasarvastivada, die in unserem, dem Vinaya-Zweig der klösterlichen Regeln fortlebt. In diesem Vinaya-Zweig hat der voll ordinierte *Bhikshu* oder Mönch

253 Regeln zu beachten; im Theravada-System gibt es 227 Regeln. Doch die Unterschiede zwischen diesen beiden Vinaya-Systemen sind nur gering.

Zölibat

In diesem Zusammenhang möchte ich nun etwas über den Zölibat sagen. Er ist gebräuchliche Praxis für buddhistische und christliche Mönche und Nonnen gleichermaßen. Doch wir haben andere Vorstellungen über die Praxis des Zölibats. Unser Ziel im Buddhismus ist *moksha* (Befreiung) oder Nirvana. Was heißt das? Nirvana ist die vollständige Eliminierung von Leidenschaften. Unter den Leidenschaften – darin stimmen alle Schulen und Zweige im Buddhismus überein – ist Begehren oder Anhängen einer der entscheidenden Faktoren, die die Person an die zyklische Existenz des Leidens binden. Das sexuelle Verlangen ist eine der schwerwiegenderen Arten des Anhängens. Da unser Ziel die Überwindung allen Anhängens ist, gewinnt die Praxis des Zölibats an Bedeutung. Soweit zum buddhistischen Verständnis der Praxis des Zölibats.

Das christliche Konzept des Zölibats mag sich hiervon unterscheiden, doch das Resultat ist das gleiche. Beide sagen, daß sich Angehörige eines Ordens mit keiner sexuellen Praktik befassen sollten. Die Hintergründe spielen keine Rolle; wichtig ist, daß sich die Praxis des Zölibats in beiden Traditionen ähnelt. Bei dieser Praxis mag es manchmal den Anschein haben, als sei sie gegen die menschliche Natur; schließlich ist die Sexualität eine natürliche, biologische Kraft und von entscheidender Bedeutung für die Fortpflanzung des Menschen. Deshalb ist der Zölibat nicht einfach einzuhalten. Doch er ist spirituell sehr wichtig. Zur praktischen Erfüllung des Zölibats brauchen wir also eine feste Entschlossenheit, die sich auf das Wissen um die Nachteile der sexuellen Praxis und die Vorteile des Zölibats stützt.

Um diese Erkenntnis zu erlangen, meine ich, ist es nützlich, die Lebensweise des Laien zu prüfen. Betrachten Sie beispielsweise jene Paare, die kein Kind haben und sich sehr viel Sorgen darum machen, ein Kind zu bekommen. Wenn sie aber Kinder bekommen, dann haben sie eine andere Sorge, nämlich die, zu viele Kinder zu haben. Also machen sie sich Sorgen über die Geburtenkontrolle. Auch das ist eine sehr schwierige Angelegenheit, die Geburtenkontrolle; am schlimmsten aber ist die Abtreibung. Damit kommen auch gedankliche Probleme und Belastungen. Sobald Sie eine Familie haben, ist die Hälfte Ihrer Freiheit bereits verloren. Menschen mit Familien oder Liebeserfahrungen haben vielleicht ein sehr buntes Leben. Aber ich denke, diese Art des Lebens hat zu viele Wechsel von Höhen und Tiefen.

Während unser Leben vergleichsweise farbärmer sein mag, ist doch unsere mentale Stabilität viel ausgeglichener. Langfristig gesehen, ist das auch gut für die Gesundheit. Ich denke, es ist sehr nützlich, das zölibatäre Leben auch unter diesem Gesichtspunkt zu betrachten. Ja selbst kurzfristig gibt es Vorteile bei einer zölibatären Lebensweise, zum Beispiel die mentale Stabilität. Auf Dauer ist der Zölibat eine große Hilfe auf dem buddhistischen Weg, die Befreiung vom Daseinszyklus zu erlangen. Auf dem christlichen Weg ist der Zölibat ebenso hilfreich zur Entwicklung und Vertiefung der Hingabe an Gott und andere Aspekte des spirituellen Lebens. Es bedarf an diesem Ort keiner Erwähnung, daß der Zölibat auf die Dauer eine Hilfe ist; und selbst kurzfristig hat er seine Vorzüge.

Klösterliche Regeln

Im Buddhismus gibt es allgemeine Regeln, die für alle Mönche und Nonnen gelten, und es gibt Regeln, die nur in bestimmten Klöstern Gültigkeit haben. Auch im Christentum gibt es allgemeine Regeln, an die sich alle Mönche und Nonnen halten, und besondere Regeln, die in bestimmten Klöstern beachtet werden. In diesem Kloster bemerkte ich beispielsweise, daß nach Beendigung des Mittagessens jeder Mönch sein Besteck selbst abwäscht. Dies ist für mich eine neue Erfahrung!

Es ist sehr, sehr wichtig, im klösterlichen Leben strenge Regeln zu haben. Das heißt nicht, daß Regeln gewaltsam aufgezwungen werden. Vielmehr prüft man sich erst selbst, um zu sehen, ob es einen aufgrund bestimmter Gegebenheiten oder Umstände dahin zieht, Mönch oder Nonne zu werden. Wenn man sich dann dafür entscheidet, nimmt man diese Disziplin freiwillig auf sich.

Diese Regeln sind sehr wichtige Hilfen für das spirituelle Leben. Da manche Hilfen für die Kultivierung des spirituellen Lebens wichtiger sind als andere, gibt es in unserer Disziplin im allgemeinen Praktiken, die streng eingehalten werden müssen, und andere, die lockerer gehandhabt werden können. Manche Klöster sind strenger als andere. Ich ziehe größere Strenge vor. Ich denke, diese Entscheidung ist sehr gut, denn wenn man im spirituellen Leben nachlässig wird, dann ist das wie ein kleiner Sprung, der jedoch mit abnehmender Disziplin immer größer wird. Deshalb ist es sehr wichtig, gleich von Anfang an strenger zu sein. Dies ist keine Frage der Zahl von Ordensleuten, sondern ihrer Qualität. An ihr können wir in beiden Traditionen die Wichtigkeit der spirituellen Gemeinschaft ablesen.

Doch nun zum spirituellen Lehrer. Damit es eine gute und starke spirituelle Gemeinschaft gibt, müssen Lehrer da sein, die den Pfad wohl vermitteln; um dies zu können, müssen sie gute Vorbilder sein. Die Unterweisung über spirituelle Dinge findet nicht nur auf der intellektuellen Ebene statt. Der Lehrer muß seinen Anhängern und Schülern auch durch das eigene Beispiel zeigen, was er lehrt. Er muß Vorbild sein vor den Augen seiner Schüler. Nur dann werden die Schüler eine echte Wertschätzung oder Achtung entwickeln. Wenn der Lehrer das eine sagt, aber etwas anderes tut, wie könnten da seine Schüler echten Respekt entwickeln? Und wenn sie keinen Respekt haben, wie könnte der Lehrer sie in das spirituelle Leben geleiten? Echtes spirituelles Geleit ist keine Frage von Macht oder Gewalt, sondern es erwächst aus Respekt und Hingabe, die aus freiem Willen gegeben werden. Es ist also äußerst wichtig, einen Lehrer oder Abt von höchster Qualität zu haben – einen Menschen wie Thomas Merton.

Die buddhistischen Texte nennen drei verschiedene Qualitäten, die ein Lehrer haben muß: Der Lehrer muß erstens gelehrt sein, zweitens diszipliniert sein und drittens ein gutes Herz besitzen. Zu den beiden ersten Punkten erfahren wir aus einer früheren tibetischen Tradition: Man muß Gelehrsamkeit haben, die der Disziplin nicht im Wege steht, und man muß Disziplin haben, die die Gelehrtheit nicht verhindert. Es ist nötig, eine Verbindung von Gelehrtheit und Disziplin zu besitzen. Doch selbst wenn man über Gelehrtheit und Disziplin verfügt, dabei aber kein gutes Herz hat, kann man nicht viel helfen.

Die Beziehung zwischen dem Lehrer und dem Schüler ist auch sehr wichtig. Da sie sich innerhalb eines religiösen Rahmens entwickelt, hat sie eine Auswirkung auf die Durchführung der Praxis. In gewisser Hinsicht werden Lehrer nicht ernannt. Es ist der Schüler, der einen Lehrer wählt und diese Person zu seinem Guru macht, weil der Lehrer bestimmte spirituelle Qualitäten hat. Somit ist der Status eines Gurus kein verliehener, denn um diesen Status zu besitzen, braucht man Schüler. Aus diesem Grunde ist die Seite des Schülers am Anfang der gemeinsamen Beziehung absolut entscheidend. Es ist notwendig, daß der Schüler beobachtet, kontrolliert und prüft, ob eine Person die richtigen Qualitäten hat, um ein Guru zu sein – das heißt, ob eine Person wirklich zuverlässig ist oder nicht. Diese Art von Prüfung oder Untersuchung ist am Anfang äußerst notwendig. Andernfalls, wenn Sie eine Person übereilt und ohne weiteres Prüfen als Ihren Guru annehmen, könnten Sie im Laufe der Zeit irgendeinen Fehler an dieser Person feststellen. Sie könnten den Respekt vor ihrem Guru verlieren, und das ist nicht gut für den spirituellen Weg.

Weil die Qualitäten eines guten Lehrers in der Schüler-Lehrer-Beziehung von so großer Wichtigkeit sind, sprach Buddha selbst sehr klar über die verschiedenen Arten von Qualifikationen, die Lehrer verschiedener Stufen aufweisen müssen. So sprach Buddha zum Beispiel sehr detailliert über die Qualifikationen für einen Lehrer für Laien. Auf allen Ebenen im *Sangha* leitet der wahre Lehrer – mit Gelehrtheit, Disziplin und einem guten Herzen – die Praktizierenden durch Unterweisung und durch persönliches Vorbild an. Auf diese Weise schreitet man in der Gemeinschaft unter dem Geleit eines Gurus voran und dem spirituellen Ideal der Befreiung entgegen.

Das Erreichen des Nirvanas

Nachdem dies über die Rolle des Lehrers und der *Sangha* auf dem Weg zur Befreiung gesagt ist, möchte ich gerne etwas darüber sprechen, wie das Erreichen des Nirvanas möglich wird. Es gibt zwei Faktoren, die die Befreiung möglich machen: zum einen, daß die Natur des Geistes klares Licht ist, und zum anderen, daß die Verunreinigungen des Geistes nebensächlich und oberflächlich sind. Hinsichtlich der Tatsache, daß die Natur des Geistes klares Licht ist, können wir sagen, daß der Geist von Natur aus die Fähigkeit besitzt, Objekte zu kennen und zu erkennen. Es ist nicht seine Natur, *nicht* die Fähigkeit zu besitzen, Objekte zu kennen. Da es also in der Natur des Geistes liegt, Dinge zu erkennen, beruht die Unkenntnis von Objekten nicht auf der Natur des Geistes, sondern auf einem anderen, hinderlichen Faktor. Wenn Sie Ihre Augen mit der Hand verdecken, werden Sie nichts sehen. Die fehlende Sicht beruht jedoch nicht auf der Tatsache, daß es in der Natur der Augen liegt, nichts zu sehen. Das Sehen liegt in der Natur des Auges, doch seine Sicht ist gerade behindert.

Was sind also diese behindernden Faktoren? In den gesammelten Schriften der Bodhisattvas gibt es Beschreibungen von zwei Arten von Hindernissen: 1. jene Faktoren, die Leidenschaften sind und die Befreiung von der zyklischen Existenz verhindern, und 2. jene Faktoren, die Wissen von allem verhindern. Auch in der Phänomenologie der *Treasury of Manifest Knowledge*-Tradition gibt es eine Beschreibung der beiden Arten von Unwissenheit. Die eine wird quälende Unwissenheit genannt, die andere eine nicht-quälende Unwissenheit.

In den verschiedenen buddhistischen Systemen gibt es zahlreiche Methoden, um diese beiden Arten von Hindernissen festzustellen. Ich möchte eine Beschreibung wiedergeben, die auf einem Text von Nagarjuna (ca. 150–250 n. Chr.) basiert. In Nagarjunas *Siebzig Versen über Leerheit* heißt es: „Unwissenheit hält das, was aus Ursachen und Umständen entsteht, für als eigene Wirklichkeit existierend. Aus der Unwissenheit erwachsen die zwölf Verbindungen von abhängigem Entstehen, von einem Leben in der zyklischen Existenz." Damit sagt Nagarjuna, daß ein Bewußtsein, das jenes, was aus Ursachen und Umständen entsteht, als aus eigenem Recht produziert werdend, als von sich aus existierend betrachtet, Unwissenheit ist.

Was ist dann also Unwissenheit? Unwissenheit ist eine Art von Bewußtsein, das nicht die tatsächliche Seinsweise von Objekten kennt und sich statt dessen genau das Gegenteil der tatsächlichen Seinsweise von Objekten vorstellt. Wie Aryadeva (ca. 170–270 n. Chr.) in seinen *Four-Hundred Stanzas on the Bodhisattva Deeds* sagte, ist die Saat der zyklischen Existenz Bewußtsein, und Objekte sind seine Sphäre der Aktivität; wenn also Selbst-Losigkeit in Objekten gesehen wird, dann hört die Saat der zyklischen Existenz auf. Der erste Teil der Passage lautet buchstäblich: „Die Saat der zyklischen Existenz ist Bewußtsein." Wenn Aryadeva mit „Bewußtsein" meinte, daß Bewußtsein im allgemeinen – oder Bewußtsein als solches – die Saat der zyklischen Existenz sei, dann gäbe es keinen Weg, die zyklische Existenz zu überwinden. Doch das Bewußtsein besitzt selbst die Natur von Licht und Wissen, und es gibt nichts, das als Gegenmittel ausschalten kann, daß das Bewußtsein von Natur aus Licht und Wissen ist. Damit ist es Aryadevas Absicht hier, sich auf eine spezifische Art von quälendem Bewußtsein als der Saat der zyklischen Existenz zu beziehen.

Dies wird klar mit Aryadevas Feststellung: Da Objekte die Aktivitätssphäre des Bewußtseins sind, wird der Prozeß der zyklischen Existenz aufhören, wenn man die Selbst-Losigkeit in den Objekten sieht. Was ist diese Selbst-Losigkeit der Objekte? Nagarjuna schrieb in seiner *Abhandlung über den Mittleren Weg*: „Jene, die abhängiges Entstehen sind, sind leer, wie es heißt." Was in Abhängigkeit von anderen Faktoren entsteht, entsteht im Verhältnis zu etwas anderem. Daß es abhängig oder relativ zu etwas anderem entsteht, ist ein Zeichen dafür, daß das Objekt nicht aus eigener Kraft existiert. Was ist dann Unwissenheit? Unwissenheit ist das Denken, etwas, das keine inhärente Existenz besitzt, also nicht aus eigener Kraft existiert, als inhärent oder aus eigener Kraft existierend zu betrachten.

Fassen wir also zusammen: Wenn äußere und innere Objekte vor uns erscheinen, erscheinen sie uns nicht relativ. Vielmehr haben sie den Anschein, aus eigenem Recht oder von sich aus zu existieren. Daß Objekte jedoch aus eigenem Recht existieren, ist keine Tatsache, sondern durch Denken zu widerlegen. Wenn Objekte also aus eigenem Recht zu existieren scheinen, tun sie es in Wirklichkeit nicht. Daß Objekte nicht an und aus sich existieren, kann man durch Denken in Erfahrung bringen und erkennen. Man kann sich mit dieser Erkenntnis immer mehr und tiefer vertraut machen. Sie wird dazu beitragen, die Vorstellung von nicht-relativer Existenz abzubauen, da beide Wahrnehmungsweisen – als existent aus sich selbst einerseits und als relativ andererseits – einander widersprechen. Deshalb heißt es, daß es für die Unwissenheit ein Gegenmittel gibt. Weil es ein Mittel gegen die Unwissenheit gibt, kann die Unwissenheit ausgemerzt werden. Deshalb wird die Unwissenheit als nebensächlich und oberflächlich bezeichnet. Damit ist es durch diese beiden, gerade dargelegten Faktoren möglich, zur Befreiung zu gelangen: 1. Der Geist ist von Natur aus klares Licht, und 2. Verunreinigungen des Geistes sind oberflächlich.

Was ist nun Nirvana? Unterschiedliche Schulen des buddhistischen Denkens haben unterschiedliche Interpretationen des Nirvana-Begriffs. Laut Nagarjuna und besonders Chandrakirti ist das Nirvana so etwas wie eine Qualität des Geistes. Doch um welche Qualität handelt es sich dabei? Es ist *nicht* eine Qualität der Erkenntnis; doch es *ist* eine Qualität, die voraussetzt, daß man sich von der Verunreinigung getrennt hat. Es ist der Zustand, nachdem man sich durch die Anwendung der Gegenmittel zu den Verunreinigungen von diesen getrennt hat. Wenn Sie ihn nun betrachten, um festzustellen, welcher Art dieser Zustand ist, blicken Sie auf die endgültige Natur des Geistes selbst. Die endgültige Natur des Geistes existiert so lange, wie es den Geist selbst gibt, nämlich seit anfangsloser Zeit. Obwohl die endgültige Natur des Geistes an sich seit Anbeginn bei uns ist, wird sie, wenn sie die Qualität gewonnen hat, sich durch die Kraft der Gegenmittel von Verunreinigungen getrennt zu haben, Nirvana genannt.

Die Basis, die Grundlage des Nirvana, ist also immer bei uns. Sie ist nicht etwas, das es im Äußeren anzustreben gilt. Deshalb sagen einige Zen-Praktizierende, daß die Buddhaschaft nicht im Äußeren zu finden, da sie bereits im Innern vorhanden sei. Eine weitere Qualifizierung finden wir in der Aussage, daß zyklische Existenz (samsara) und Nirvana das gleiche sind. Dies bedeutet, daß die *endgültige Natur* aller Phänomene – nicht nur des Geistes – die gleiche ist. Aus der Sicht der Objekte, die diese Qualität einer endgültigen Natur besitzen, sind jene Objekte zahlreich und unterschiedlich, gut und schlecht. Doch aus der Perspektive ihrer endgültigen Natur ist ihrer aller endgültige Natur „von gleichem Geschmack". Daher heißt es, daß der eine Geschmack verschieden sei und daß das Verschiedene einen Geschmack habe. Aus dieser Perspektive sollten wir die zyklische Existenz nicht als schlecht und das Nirvana als gut betrachten. Vielmehr ist die Natur der zyklischen Existenz und die endgültige Natur des Nirvana die gleiche. Diese Aussage finden wir in den Sutras und in den Tantras. Sie wird besonders hervorgehoben in dem „Great Completeness-System" der Nyingma-Schule.

Schließlich möchte ich ergänzen: Wenn ich von Gott in dem Sinne von „unendliche Liebe" spreche, können auch Buddhisten diese Interpretation Gottes akzeptieren. Hier, denke ich, haben wir eine Gemeinsamkeit: Auch die Buddhisten akzeptieren höhere Wesen. Als solche betrachten wir Buddhas, Bodhisattvas und Arhats. Der Unterschied zwischen ihnen und Gott liegt darin, daß jene höheren Wesen ihren höheren Status nicht gleich von Anfang an innehatten. Sie wurden höhere Wesen, indem sie ein spirituelles Leben führten. Im Vergleich mit uns werden sie als höhere Wesen betrachtet. In gewissem Umfang können wir uns durch Gebet an diese höheren Wesen wenden. Es gibt auch gewisse Einflüsse, die wir als Segnungen von diesen höheren Wesen betrachten. Doch wir legen größeres Gewicht auf unser eigenes spirituelles Bemühen. Nach den buddhistischen Traditionen erlangten jene höheren Wesen ihren Status aufgrund ihrer eigenen Praxis. Deshalb betonen wir vor allem unser eigenes spirituelles Bemühen und Handeln.

Dieser Priorität eingedenk, lassen Sie mich schließen mit einigen Worten über Gottheits-Yoga. Das vornehmliche Ziel des Gottheits-Yogas ist nicht Anbetung, nicht das Erlangen von Segnungen noch anderer Dinge dergleichen. Das Hauptziel ist, eine Einheit von motivierter Methodik und Weisheit herbeizuführen. Wie wird dies erreicht? Indem wir die Weisheit, die die Leerheit selbst erkennt, einsetzen, um als ideales Wesen zu erscheinen, das heißt als Gottheit. Dann ist der Hauptzweck des höchsten tantrischen Yogas, die gröbere Ebene des Bewußtseins zu minimieren und den innersten subtilen Geist zu manifestieren. Sobald dieser subtile Geist aktiv wird, kann er in die Weisheit verwandelt werden, die Leerheit versteht. Diese Transformation des subtilen Geistes ist wichtig, und zwar aus folgendem Grunde: Eine Bewußtseinsebene, die Leerheit erkennt – die Leerheit von inhärenter Existenz der Phänomene – kann als Gegenmittel gegen Verunreinigungen dienen. Doch wenn man fähig ist, diese subtilere Bewußtseinsebene nutzbar zu machen und in ein Wcisheits-Bewußtsein zu verwandeln, das Leerheit erkennt, dann hat dies eine viel größere Wirkung beim Ausräumen jener Hindernisse, da die subtile Ebene des Bewußtseins kraftvoller ist. Dank dieses Ausräumens von Hindernissen aber schreitet man voran und dem Erreichen des Nirvana entgegen.

Spiritualität und Gesellschaft

Der Bodhisattva und die Gesellschaft

Zu Beginn meiner Rede möchte ich meine Ansichten über den Buddhismus und über die Rolle des Buddhismus in der Zukunft darlegen.

Die Rolle des Buddhismus in der modernen Gesellschaft

Es scheint mir, daß wir die Menschheit in drei Gruppen teilen können. Die erste Gruppe – sie macht die Mehrheit aus – hat kein Interesse an Religion. Diese Menschen kümmern sich nur um das tägliche Leben, und besonders um das Geld. Die zweite Gruppe hat einen sehr aufrichtigen religiösen Glauben und praktiziert irgendeine Art von Religion. Die dritte Gruppe schließlich ist sehr entschieden gegen jegliche religiöse Ideen eingestellt. Betrachten wir diese drei Gruppen, dann sehen wir, daß sie doch in einer Hinsicht gleich sind: alle streben sie nach Glück. In diesem Punkt gibt es keinen Unterschied. Die Unterschiede kommen aber dann, wenn es darum geht, auf welche Weise das Glück zu erlangen ist. Die erste Gruppe glaubt, daß Geld allein glücklich mache. Die zweite Gruppe glaubt, das Glück durch religiöse Spiritualität erreichen zu können. Die dritte Gruppe glaubt nicht nur, daß wir von Geld profitieren, sondern auch, daß religiöse Ideen in der Tat Gift für das Glück des Menschen seien. Sie sind davon überzeugt, daß die Religion von der herrschenden Klasse in den älteren Gesellschaften als ein Mittel zur Ausbeutung der Massen gebraucht wurde.

Während des größten Teils dieses Jahrhunderts hat es einen Wettstreit zwischen dieser antireligiösen Gruppe und den Religionen gegeben. In jüngerer Zeit scheint der Wert der Religion immer mehr Menschen klar zu werden. Doch auch heute noch gibt es radikale Materialisten, manche von ihnen leugnen sogar die Existenz des Geistes. Auf der anderen Seite gibt es manche religiöse Menschen, die die Religion für eine Glaubensangelegenheit halten und deshalb den Gebrauch der menschlichen Intelligenz nicht schätzen. Nun, der Buddhismus scheint zwischen diesen beiden Positionen zu stehen. Er bezieht und lehrt eine andere Einstellung als jene religiösen Menschen, denen es vor allem um das Glauben geht und nicht um den Gebrauch der menschlichen Intelligenz. Diese Personen können eine skeptische Haltung nicht gutheißen. Aus der Sicht des buddhistischen Systems, besonders des Bodhisattvayana oder des Mahayana, sollte man am Anfang skeptisch sein, selbst gegenüber Buddhas Worten. Jeder sollte selbst prüfen, ob sie für ihn Gültigkeit haben oder nicht. Findet man einen Widerspruch zwischen Buddhas Worten und wissenschaftlichen Erkenntnissen, dann sollte man den wissenschaftlichen Erkenntnissen folgen. Wir sollten also eher wissenschaftliche Erkenntnisse akzeptieren als Buddhas eigene Worte, denn Buddha selbst hat deutlich gesagt: „Meine Anhänger sollen meine Lehren nicht aus Respekt akzeptieren, sondern nach persönlicher Prüfung und praktischer Untersuchung." Dies gibt uns die Freiheit, auch Buddhas eigene Worte auf die Probe zu stellen.

Sie sehen also, daß der Buddhismus nicht wirklich zu der religiösen Gruppe zu gehören scheint, die sich in erster Linie um den Glauben kümmert und das Empfinden hat, eine skeptische Haltung sei mit einem spirituellen Glauben nicht gut zu vereinbaren. Der Buddhismus hat zwar einige Gemeinsamkeiten mit der Denkweise der radikalen Atheisten, doch es gibt natürlich manche große Unterschiede. Zuweilen habe ich das Gefühl, daß manche Glaubensgemeinschaften den Buddhismus für eine Art von Atheismus halten. Doch die Atheisten wiederum empfinden den Buddhismus als etwas Spirituelles. Tatsächlich ist der Buddhismus wohl zwischen beiden „Lagern" anzusiedeln.

Angesichts dieser Gegebenheit denke ich, daß der Buddhismus in der Zukunft eine Art von Brückenfunktion zwischen der spirituellen Welt und der materialistischen Welt übernehmen könnte. Vielleicht kann der Buddhismus sogar dazu beitragen, beide miteinander zu verbinden. Ich habe festgestellt, daß meine buddhistischen Ansichten bei manchen Gelegenheiten meinen christlichen Geschwistern tatsächlich bei ihrem eigenen Glauben geholfen haben. Bei anderen Gelegenheiten – bei Treffen mit Wissenschaftlern, hauptsächlich aus den Gebieten der Kosmologie, der Neurobiologie, der Physik (einschließlich Teilchen- und Quantenphysik) und der Psychologie – haben wir Gemeinsamkeiten von Buddhismus und Naturwissenschaft gefunden. Bei einer Reihe von Gelegenheiten – hauptsächlich Begegnungen mit Wissenschaftlern vor allem aus diesen vier Gebieten – dachten manche Wissenschaftler anfänglich, das Treffen werde sich als Zeitvergeudung erweisen, weil der Buddhismus schließlich eine Religion sei. Sie dachten, für eine Diskussion oder einen Dialog zwischen der Wissenschaft und dem Buddhismus als Religion gebe es keine gemeinsame Grundlage. Als aber die Diskussion sich entfaltete, wurden einige dieser Wissenschaftler immer aufgeschlossener gegenüber der Gelegenheit, die buddhistische Vorstellung über die subatomaren Teilchen oder über die Beziehung zwischen Geist und Körper oder Gehirn kennenzulernen. Dies zeigt, daß die Möglichkeit von gegenseitigem Verständnis zwischen der Wissenschaft und dem Buddhismus existiert. Kontakte bestehen bereits, und die Kommunikation findet statt.

Bodhisattva-Praxis und Gesellschaft

Für jemanden, der ein Interesse für die Einstellung und die Taten oder Aktivitäten eines Bodhisattvas hegt, ist es wichtig zu verstehen, daß es für den Bodhisattva notwendig ist, für das Wohl der Gesellschaft Sorge zu tragen und eine starke Beziehung zu der Gesellschaft zu pflegen. In der Praxis eines Bodhisattvas gibt es die sechs Vollendungen, die erste von ihnen ist die Vollendung des Gebens, der Nächstenliebe. Beim Geben wiederum unterscheiden wir drei Arten: 1. Geben von materiellen Dingen, 2. Geben des Dharma oder der religiösen Lehre, und 3. Geben von „Nicht-Schrecken", das heißt, die Wesen von der Angst zu befreien. Alle drei Aspekte nun – das Geben von materiellen Dingen, das Geben von religiöser Unterweisung und das Geben von Nicht-Schrecken – sind notwendigerweise mit der Gesellschaft verbunden. Unsere christlichen Geschwister üben ebenfalls diese Formen des Gebens in den Bereichen der sozialen Dienste, der Erziehung und des Gesundheitswesens.

Um in der Gemeinschaft wirksam zu dienen, müssen Sie in der Gesellschaft leben. Aus diesem Grunde besteht eine gewisse Gefahr, daß das soziale Engagement Ihre eigene spirituelle Praxis beeinträchtigt und schwächt. Deshalb ist es in der anfänglichen Phase des spirituellen Lebens wichtig, nach der Bodhisattva-Lehre starke mentale Qualitäten zu entwickeln. Sobald Sie die notwendige innere Stärke und Selbstvertrauen gewonnen haben, die Ihr spirituelles Leben unter schwierigen Umständen aufrechterhalten können, ist die richtige Zeit gekommen, um sich in der Gesellschaft zu engagieren. Während Sie in der Gesellschaft im täglichen Leben Ihren Dienst leisten, sollten Sie auch der eigenen spirituellen Praxis Zeit widmen. Sie brauchen sie, wie um Ihre Batterie wiederaufzuladen. Auf die Kraft dieser Ladung können Sie im Lauf des übrigen Tages zurückgreifen. Ich denke, das ist sehr wichtig. Auch wenn Sie im Bereich der Erziehung oder auf dem Gebiet der sozialen Wohlfahrt voll und ganz engagiert sind, hat es keinen Sinn, darüber die eigene spirituelle Praxis zu vernachlässigen. Soziale Aktivitäten und spirituelle Praxis gehen Hand in Hand.

Die zweite der sechs Vollendungen im Leben des Bodhisattvas ist die Praxis der Ethik. Der Leitgedanke in der Praxis der Ethik für Bodhisattvas ist es, die allein auf sich selbst gerichtete Sorge einzuschränken. Die dritte Vollendung ist die Praxis der Nachsicht oder Geduld. Es gibt drei Arten der Geduld: 1. sich keine Sorgen zu machen über einen Schaden, der einem selbst zustoßen könnte; 2. freiwillig Härten zu akzeptieren, und 3. die Geduld oder Nachsicht, die nötig sind, um die Lehre in Erfahrung zu bringen.

Im Hinblick auf die Ethik der Selbstlosigkeit, das Akzeptieren von Härten und den Abbau der Sorge um sich selbst, stellen wir weitgehende Ähnlichkeit und Übereinstimmung mit der Praxis unserer christlichen Geschwister fest. Ihre klösterliche Lebensweise zielt bewußt auf Einfachheit und Zufriedenheit. Selbst ihre Ernährung ist einfach.

Nach einem der Austauschprogramme kehrte eine Gruppe unserer Mönche von ihrer Reise durch die Vereinigten Staaten zurück. Ich traf sie und erfuhr, daß sie den Besuch Ihrer Klöster wirklich genossen hatten. Sie haben eine Menge Erfahrungen gesammelt und – und das ist am wichtigsten – ihre Haltung gegenüber dem Christentum hatte sich ebenfalls sehr verändert. Ihre einzige Klage war, daß sie in einigen Klöstern auch nach den Mahlzeiten noch halb hungrig blieben; mit Hilfe einiger Freunde hatten sie versucht, etwas Gebäck zu bekommen! Ich denke, Ihre echte Praxis der Armut – bis hin zu den Mahlzeiten – ist sehr wichtig für den Abbau der Gier und des Anhängens. Auch besteht kein Zweifel daran, daß Sie Toleranz praktizieren. Wenn jemand Sie auf die eine Wange schlägt, dann wenden Sie ihm die andere zu. Das ist das Evangelium, und unverkennbar die gleiche Praxis wie bei uns.

Im Buddhismus gibt es auch die Geduld in bezug auf das In-Erfahrung-Bringen der Bedeutung unserer Lehre. Auch hier finden wir in unseren beiden Traditionen das gleiche Grundmuster. Der Buddhist, der sich über sehr schwierige Dinge wie Leerheit Gedanken macht, mag am Anfang Probleme haben, solche Vorstellungen zu verstehen oder zu akzeptieren. In diesem Fall braucht man Geduld. Ähnliches gilt in bezug auf den christlichen Glauben an Gott, denn manchmal erleben Sie vielleicht selbst Zweifel. In diesem Falle brauchen Sie Nachsicht und Geduld in bezug auf das In-Erfahrung-Bringen dessen, was es heißt, an Gott zu glauben.

Damit kommen wir zur vierten Bodhisattva-Vollendung, welche Bemühen heißt. Jeder religiöse Praktiker braucht Bemühen. Darunter verstehen wir eine Begeisterung für das Ausüben einer Tugend. Auf der positiven Seite bedeutet es, Aufmerksamkeit auf etwas zu richten, das erlangt werden soll. Auf der negativen Seite bedeutet es, die Kräfte zu überwinden, die sich solchem Bemühen entgegenstellen, das heißt die verschiedenen Arten der Trägheit. Eine Art von Trägheit ist das Anhängen an den sinnentleerten Aktivitäten des weltlichen Lebens. Eine andere ist die Trägheit, zu denken: „Dies könnte ich unmöglich tun!" Tatsächlich ist diese Äußerung ein Anzeichen geringen Selbstwertgefühls. Die andere Form der Trägheit ist das Hinauszögern. Da alle religiösen Praktizierenden diese Probleme haben, sind auch die Praktiken der Bemühung für jedermann angebracht.

Die Weisheit des Bodhisattva

Die fünfte Vollendung ist diejenige der Konzentration, über die wir bereits in einem anderen Vortrag gesprochen haben. Deshalb wollen wir weitergehen zur sechsten Vollendung, nämlich der Vollendung der Weisheit. Unter den Arten der Weisheit gibt es die Weisheit, die Mannigfaltigkeit der Phänomene zu kennen, und die Weisheit, die Seinsweise von Phänomenen zu kennen. Die letztere von beiden – die Weisheit, die Seinsweise oder die endgültige Natur von Phänomenen zu kennen – ist die wichtigere. Sie ist die Weisheit, die die Leerheit erkennt.

Was sollte nun unter dem Begriff „Leerheit" verstanden werden? Es gibt viele verschiedene Weisen, die Bedeutung von Leerheit zu formulieren. Auf einer Ebene bedeutet Leerheit, zu verstehen, daß die Person nicht permanent, einheitlich und aus eigener Kraft existiert. In diesem Aspekt der Interpretation von Leerheit stimmen alle Schulen des Buddhismus überein. Eine subtilere Ebene ist die Leerheit von Selbständigkeit der Person. Unter der Selbständigkeit der Persönlichkeit verstehen wir, daß die Person eine Natur hat und daß darüber hinaus der Geist und der Körper eine eigene Natur haben – wie ein Herr und seine zwei Untergebenen. Das heißt, der Herr (die Person) ist in seiner Natur unterschieden von den Untergebenen (Geist und Körper). Leerheit bedeutet hier, daß es keine eigene Persönlichkeit (Herr) neben Geist und Körper (Untergebene) gibt – daß also eine Leerheit von solcher Persönlichkeit vorliegt. Auf einer weiteren Ebene des Mißverständnisses über die Natur der Person spricht man zwar der Person und dem Geist und Körper die gleiche essentielle Natur zu, hält dabei aber immer noch an der Vorstellung fest, die Person sei wie der Herrscher, Geist und Körper hingegen wie Untergebene, die von ihm befehligt werden.

In der Nur-Geist-Schule und in der Mittlerer-Weg-

Schule des Buddhismus ist auch die Rede von einem Mißverständnis eines „erscheinenden Selbst" und von der Leerheit von einem „erscheinenden Selbst". Die Nur-Geist-Schule erwähnt zwei Arten von grundlegenden Mißverständnissen in diesem Punkt. Das eine Mißverständnis ist, daß Subjekt und Objekt verschiedene Wesenheiten seien. Das andere Mißverständnis ist, daß Phänomene kraft ihres eigenen Charakters als Erscheinungen unserer Worte und unserer begrifflichen Gedanken über sie existierten. Damit lehrt die Nur-Geist-Schule, daß es eine Leerheit von diesen beiden Beschaffenheitsaspekten gibt.

In der Mittlerer-Weg-Schule geht es auch um das Mißverständnis, daß Phänomene wirklich oder letztlich existierten. Da diese Attribute im Grunde zu negieren seien, spricht man auch von einer Leerheit von wahrer oder höchster Existenz der Phänomene. Innerhalb der Mittlerer-Weg-Schule gibt es jedoch noch weitere Unterscheidungen. Eine Tradition, die Autonome Schule, postuliert, daß Phänomene, die einem unbeeinträchtigten Bewußtsein erscheinen – das heißt einem Bewußtsein, das nicht irgendwelche oberflächlichen Fehler hat –, tatsächlich im konventionellen Sinne existierten. Doch was definieren sie dann als wahre Existenz, wenn sie sagen, daß Phänomene leer seien von wahrer Existenz? Für diese Tradition ist es die falsche Position, daß Phänomene nicht durch die Kraft auftreten, einem unbeeinträchtigten Bewußtsein zu erscheinen, sondern kraft ihrer eigenen, einzigartigen Seinsweise ins Dasein kommen. Dieser Status ist die wahre Existenz, die wiederum verneint wird.

In einem anderen Zweig der Mittlerer-Weg-Schule, in der Konsequenz-Schule, wird der endgültige Gedanke Nagarjunas von Buddhapalita, Chandrakirti und Shantideva beschrieben. In diesem endgültigen System wird die Art, wie Phänomene dem unbeeinträchtigten Bewußtsein erscheinen – als existierten sie aus sich heraus – als das verstanden, was in der Leerheit zu negieren ist. Tatsächlich existieren Phänomene nicht auf diese Weise; sie existieren nur dem Namen nach. Damit ist Leerheit die Abwesenheit dieses übertriebenen Status von Phänomenen (als ob sie von sich aus existierten). Also ist die Leerheit von solcher inhärenter Existenz der Phänomene die subtilste Selbst-Losigkeit der Phänomene.

Nun, beide Systeme, die Mittlerer-Weg-Schule und die Nur-Geist-Schule, haben ihre Quellen in Buddhas eigenen Worten, in den Sutras des Buddha. Das ist es, was ich meinte, als ich früher sagte, daß ein Lehrer viele verschiedene Ansichten verbreite. Jene, die behaupten, daß Objekte wahrlich existierten, sind der Ansicht, die Betrachtungsweise der Mittlerer-Weg-Schule sei in ein Extrem des Nihilismus abgeglitten. Die Vertreter der Mittlerer-Weg-Schule hingegen argumentieren, daß die Verfechter einer wahren Existenz der Phänomene einer extremen Übertreibung zum Opfer gefallen seien.

Der Bodhisattva als Lehrer

Der Bodhisattva beeinflußt nicht nur die Gesellschaft in seiner Ausübung der sechs Vollendungen, sondern auch als ein Lehrer und Vorbild seiner Lebensweise und ihrer Weisheit. Übereinstimmend mit dem Bodhisattva-Gefährt ist die Praxis eines Bodhisattvas zweifacher Art. Erstens muß er die Praxis der sechs Vollendungen ausüben, um sein mentales Wachstum zur Reife zu bringen. Als Voraussetzung zur Unterweisung anderer sollte der Bodhisattva auch die sogenannten vier Mittel zum Sammeln von Schülern besitzen. Diese sind: 1. den Schülern materielle Dinge geben; 2. angenehm sprechen, grüßen und Teilnahme zeigen; 3. die Schüler lehren, was in die Praxis umzusetzen ist und was sie von ihren Verhaltensweisen aufzugeben haben; 4.

selbst zu praktizieren, was er andere lehrt. Wie schon gesagt: Wenn ein Guru seinen Schüler unterweist, wie er sich zu verhalten habe und dabei als Lehrer nicht selbst praktiziert, was er lehrt, dann wird der Schüler sagen: „Was du verlangst, das solltest du zuerst selbst tun! Du solltest diese Dinge selbst praktizieren!" Schließlich sollte ein Lehrer – wie Aryadeva in seinen *Four-Hundred Deeds of the Bodhisattvas* sagte – die Interaktion, den Austausch mit dem Schüler pflegen, um zuerst einmal seine vorherrschende Leidenschaft festzustellen. Ob es Stolz ist oder Streitlust, Begierde oder Verwirrung – der Lehrer sollte entsprechend darauf eingehen. Deshalb sollte er manche Menschen sehr sanft behandeln, andere dagegen mit festerer Hand; manche sind zu schelten und andere viel zu loben. Der Lehrer sollte entsprechend reagieren, und dies immer aus einer altruistischen Motivation.

Die Ordination von Frauen

Zum Thema der Ordination von *Bhikshuni* (Nonnen): Im wesentlichen geht die Tradition der Ordination, die nach Tibet eingeführt wurde, auf den indischen Lehrer Shantarakshita zurück, und die spezielle Art des Gelübdes stammt aus der Mulasarvastivada. In dieser Überlieferung verlangt die Ordination einer Nonne die Anwesenheit eines leitenden Geistlichen, und zwar einer Nonne, und zweier weiterer, männlicher Geistlicher. Damit sind an der Durchführung der Ordinations-Zeremonie selbst sowohl Frauen als auch Männer beteiligt. Nun sind die Gegebenheiten aber dergestalt, daß noch keine voll ordinierte indische Nonne jemals bis Tibet gelangt ist; aus diesem Grunde hat sich die Überlieferung des Nonnen-Gelübdes nie bis Tibet ausgebreitet. Doch in anderen Systemen der Überlieferung der Klosterregel über das Ablegen des

Gelübdes ist es möglich, daß die Ordination von einem Mann geleitet wird. Deshalb existieren Geschichten und Biographien von tibetischen Meistern, in denen man erfährt, daß sie Nonnen die volle Ordination gegeben haben. Doch der indische Gelehrte Gunaprabha sagt über die Mulasarvastivadin-Tradition der Weitergabe des Gelübdes: Wenn die Person, die die Ordination einer Nonne durchführt, ein voll ordinierter Mönch ist, dann werde die Überlieferung nicht ganz frei von Fehlern sein. Wenn man also nach der Überlieferung der Mulasarvastivadin-Schule vorgehen will, ist es notwendig, daß eine Nonne als leitende Geistliche der Zeremonie vorsteht.

Dies gilt in bezug auf die tibetische Tradition. Heute gibt es glücklicherweise den *Bhikshuni*-Zweig in den chinesischen und koreanischen Traditionen des Buddhismus. Es ist sehr wichtig und notwendig, jenen Zweig in den Traditionen wiederherzustellen, in denen er zur Zeit nicht existiert. Tatsächlich haben wir bereits vor zwanzig Jahren damit begonnen, einige Untersuchungen in dieser Angelegenheit durchzuführen. So hoffe ich, daß eine Art monastischer Konferenz mit Teilnehmern aus allen buddhistischen Traditionen und Ländern zu einer gründlichen Diskussion einladen wird und dann zu einer Resolution oder Entscheidung in dieser Angelegenheit kommen kann. Auf diesem Wege werden wir zu einer sehr aufrichtigen Entscheidung gelangen können. Die Konferenz wird wie eines der drei frühen Konzilien sein, die einberufen wurden, nachdem der Buddha hinübergegangen war; damit wird der *Bhikshuni*-Zweig sehr authentisch sein. Ich denke, daß ein System allein die Sache nicht entscheiden kann, da eine solche Entscheidung in Verbindung mit der Vinaya (Disziplin) steht, die sehr rein und authentisch sein sollte. Das ist überaus wichtig. Wenn bei einer guten Konferenz mit guten Teilnehmern eine Entscheidung erreicht wird, denke ich, wird dies ein großer Dienst am Buddha-Dharma sein.

TEIL ZWEI

Themen im spirituellen Leben

Geist und Tugend

Im Zentrum des Klosterkomplexes von Gethsemane befindet sich ein stiller Garten, umgeben von den Mauern der dreigeschossigen Gebäude. Wenn man durch das Kloster geht, kann man durch die schmalen Fenster der Korridore den inneren Garten sehen. Doch der Durchgang, der in den Garten führt, ist nicht leicht zu finden. Wenn man den inneren Garten betritt, wird man eingenommen von der Stille zwischen den hohen Mauern, die ihn umgeben. Diese Stille scheint den klösterlichen Rahmen auszuschließen mit den Mönchen, die da kommen und gehen; so wird die Klarheit dieses inneren Raumes noch deutlich gesteigert. Die vielen Blumen und Pflanzen scheinen sich unseren Sinnen noch unmittelbarer darzubieten.

Wenn wir durch die Korridore des inneren Klosters in unserem Herzen gehen, können wir manchmal einen Blick auf einen Platz von außerordentlicher Stille und Schönheit erhaschen, der noch weiter innen liegt. Wenn es uns gelingt, den Durchgang in jenes innere Kloster des Herzens zu finden, gelangen wir zu dem nackten Grund unseres Wesens, von dem unsere innersten Gedanken und Gefühle aufsteigen. Dort finden wir die Pflanzen unserer fürsorgenden Veranlagungen ebenso wie die Auswüchse unserer ungesunden Neigungen, die Blumen unserer Tugenden neben dem gedanklichen Unkraut, das unsere Fähigkeit zu ersticken scheint, Glück selbst zu empfinden und anderen zu bringen. Bald verstehen wir: Welche Umstände auch immer in dem Kloster und in der Welt außerhalb seiner Mauern gegeben sind, ob positive oder negative: Hier haben sie ihren Ursprung, in diesem inneren Raum im Herzen aller Menschen.

In unserem Dialog sprachen wir solche Fragen an wie: Was ist das innere Leben des Geistes, und was sind seine Ebenen? Wie beeinflußt die Dynamik unseres inneren Lebens uns selbst und die Welt um uns? Auf welche Weisen können solche mentalen Kräfte wie Zorn und Haß als Unkräuter des Geistes betrachtet werden, und wie kann man mit ihnen umgehen? Können solche mentalen Faktoren je als etwas Positives betrachtet werden? Ist es möglich, den Geist von diesen negativen Faktoren zu reinigen? Was sind die Stufen solcher Reinigung; was sind die Stufen des spirituellen Wachstums? Verlangt dieses Wachstum, daß wir uns selbst verleugnen? Falls dies zutrifft, wie steht es dann mit dem Wert der Liebe zu sich selbst oder einem gesunden Selbstwertgefühl? Welcher Art ist die Beziehung dieser Liebe zu sich selbst zur Liebe zu anderen? Welcher Art ist die Beziehung einer positiven Liebe zu sich selbst zu der Tugend der Demut, die im spirituellen Leben so wichtig ist?

Geist und Bewußtsein

KEVIN HUNT: Wenn ich mich als christlicher Mönch mit dem Buddhismus befasse oder buddhistische Lehrer sprechen höre, geht es häufig um die Wirklichkeit der Erkenntnis – auf eine Weise, die sich von unserer Tradition sehr unterscheidet. Oft fallen da Begriffe wie „Geist" und „Bewußtsein" (engl. *mind).* Wenn Sie von Bewußtsein sprechen, bin ich mir nicht ganz sicher, was Sie darunter verstehen, denn in der westlichen, christlichen Tradition wäre Bewußtsein nicht das Höchste. Bewußtsein ist ein Teil des bewußten Selbst – das wir im allgemeinen als Seele bezeichnen würden –, und es ist zunächst der Bereich, wo Bewußtheit, Denken und Vernunft anzusiedeln sind. Könnten Sie uns helfen, uns ein genaueres Bild von dem machen zu können, was der Buddhismus unter Bewußtsein versteht?

Lobsang Tenzin: Ich möchte die Frage aufgreifen, die Bruder Kevin gestellt hat, die Frage nach der Verwendung des Begriffes Bewußtsein und seiner Bedeutung im Buddhismus. Ich denke, es wäre wichtig, Bewußtsein zunächst im Zusammenhang des Menschenbildes im Buddhismus zu betrachten. Ein Wesen besteht aus buddhistischer Sicht aus mehreren Aggregaten. Ein Menschenwesen besteht aus bis zu fünf Aggregaten. Seine Aggregate sind die materielle Form sowie die mentalen Aggregate von Sinneswahrnehmungen, Gefühlen, Veranlagungen und Gedanken. Deshalb ist der Geist nach der Definition des Buddhismus eine Wesenheit, die sich durch Sinneswahrnehmung, Fühlen, Wollen und Denken mit ihrem Gegenüber in Beziehung setzt. Hierbei spielt das Bewußtsein eine sehr wichtige Rolle, weil das Menschenwesen subjektiv erlebt: Leiden oder Glück, Behagen oder Unbehagen in bezug auf den jeweiligen Gegenstand seiner Wahrnehmung.

In diesem Zusammenhang betrachtet der Buddhismus gewisse mentale Erfahrungen, Begierden und emotionelle oder Wahrnehmungs-Mißverständnisse als in gewissem Sinne schädlich. So verursachen zum Beispiel Haß, Anhängen und Unwissenheit ernstes Unbehagen. Sie gelten als die „drei giftigen Zustände des Geistes". Wer diese Zustände empfindet, erlebt gewiß Unbehagen in seinem Leben. Wenn diese Zustände die Ursache von Problemen im Leben sind, dann muß ihre Lösung im Transzendieren oder Transformieren gefunden werden, das heißt, indem man sie ausmerzt oder reinigt. Deshalb werden im Buddhismus Bewußtseinstraining, die Kultivierung von positiven Bewußtseinszuständen und die Reinigung von negativen Bewußtseinszuständen hoch gelobt. Buddha sagt im *Dhammapada,* daß alle Phänomene die Natur des Geistes sind, daß Geist primär ist und jedem Phänomen vorausgeht. In diesem Kontext, meine ich, ist die Betonung auf der Natur und der Funktion von Geist und Bewußtsein und dessen Entwicklung im Buddhismus sinnvoll.

Havanpola Ratanasara: Im Buddhismus wird den Anhängern geraten, sich auf keinen anderen zu stützen und zu verlassen als auf sich selbst. Basierend auf diesem Grundsatz werden die Individuen aufgefordert, sich selbst zu entwickeln. Was haben wir zu entwickeln? Unseren Geist. Im Buddhismus regieren Geist und Materie alles. Diese Wahrheit wird mit einer Reise verglichen, die ein Krüppel und ein Blinder unternehmen. Das Bild zeigt uns: Der Körper kann ohne den Geist nicht wohl funktionieren, also lenkt der Geist alles, und der Körper folgt. Wie gerade erwähnt wurde, sagte der Buddha, daß der Geist allem vorausgeht. Wenn der Geist jedoch nicht ordentlich entwickelt, nicht behutsam kultiviert ist, wird man im Dunkeln tappen. Und deshalb betont der Buddhismus: Du bist dein eigener Beschützer, du bist für dich selbst verantwortlich.

Diese Sicht wird von der Karma-Theorie unterstützt. Willentliche Handlungen werden Karma genannt. Unter dem Einfluß von Karma bauen Individuen ihre Existenz auf. Die im Buddhismus gestellte Frage lautet: „Ist das Leben, wie wir es aufbauen, eine angenehme Angelegenheit? Ist es jederzeit zufriedenstellend?" Buddha gab die Antwort, daß alles Leben Leiden sei. Unter gewöhnlichen Umständen verstehen wir Menschen unseren leidvollen Zustand nicht. Deshalb sind wir ständig unzufrieden. Wir sehnen uns nach vielen Dingen, doch sobald wir sie erlangen, wollen wir etwas anderes oder mehr. Deshalb muß dieses unbefriedigende Rennen, dieser Teufelskreis, gestoppt werden. Da es das Bewußtsein ist, das unseren Zustand der Unzufriedenheit erzeugt, muß es das Bewußtsein sein, das uns Freiheit bringen kann. Deshalb, kultiviere dein Bewußtsein und stütze dich nicht auf jemand anderes, der es für dich tun soll. Das ist die Botschaft des Buddha.

LHUNDUP SOPA: Unser Geist ist wie ein Elefant. Ein Elefant ist riesig, und zähmt man ihn nicht, wird er sehr gefährlich und kann viele Dinge zerstören, wobei er sich selbst und anderen Schaden zufügt. Wenn schon ein materieller Elefant so viel Schaden anrichten kann, wieviel mehr Schaden kann dann ein mentaler Elefant verursachen? Der mentale Elefant ist viel stärker und kann viel mehr Schaden anrichten. Wenn der mentale Elefant oder das Bewußtsein nicht gezähmt, nicht beherrscht, nicht unterworfen wird, dann erzeugt es von innen heraus Unwissenheit, Haß, Zorn, Gewalt und schließlich Krieg, in dem Millionen von Menschen sterben.

Der Geist hat zwei Aspekte, nämlich negative und positive mentale Zustände. Gewöhnlich wird unser Geist von negativen mentalen Zuständen dominiert, angefangen von Unwissenheit bis zu Anhaften, Haß und anderen Giften. Im Buddhismus gibt es vierundachtzigtausend mentale „Täuschungen", die abzubauen und zu reinigen sind. Wird dies nicht getan, entwickelt sich der Geist wie ein ungezähmter mentaler Elefant und wird in diesem Leben leiden; durch sein Karma wird er auch in künftigen Leben leiden.

Wenn jedoch diese Täuschungen aus dem Weg geräumt werden, tritt Weisheit an die Stelle von Unwissenheit, Weisheit, die die Wirklichkeit versteht. An die Stelle von Haß und Zorn treten Liebe und Mitgefühl. Alle diese positiven mentalen Zustände werden durch die Praxis der Meditation entwickelt. Wenn man schließlich unser Ziel, die Buddhaschaft, erreicht hat, gibt es keine Hindernisse wie Täuschungen, Anhängen, Haß oder Unwissenheit mehr; alle diese negativen Zustände werden beseitigt sein. An ihre Stelle treten vollkommene Weisheit und vollkommenes Mitgefühl und Liebe. Dieses höchste Ziel ist nicht durch äußeres Tun zu erreichen. Zuerst muß man den Geist bezähmen, dann wird auch das Handeln gereinigt. Deshalb ist Geist im spirituellen Leben das Wichtigste.

Wir werden mit drei Giften geboren, und unser ganzes Leben wird ständig von ihnen beeinflußt. Deshalb halten wir diese negative Verfassung des Geistes für unsere essentielle Wesensnatur. Tatsächlich aber handelt es sich um vorübergehende mentale Qualitäten; sie lassen sich entfernen wie Rostflecken vom Eisen. Die wahre Natur des Geistes ist rein, und so ist das Ziel der reinen Buddhaschaft möglich. Doch wenn der Geist nicht gereinigt ist, dann gibt es keinen Weg, dieses vollkommene Ziel zu erreichen. Deshalb ist der Geist auf dem buddhistischen Weg so wichtig.

EWERT COUSINS: Die Frage, die hier gestellt wurde, berührt uns sehr in der modernen Welt, weil der Begriff Geist in der westlichen Kultur eine sehr geringe Bedeutung hat. Doch wenn ich auf unsere eigene Tradition zurückblicke, scheint eine Verbindung zwischen dem entsprechenden lateinischen Wort *mens* – wie es Augustinus gebrauchte – und dem buddhistischen Verständnis von Bewußtsein vorstellbar zu sein. Ich denke, hier liegt auch eine Verbindung zu Don Mitchells Vortrag von gestern abend, weil es zunächst einmal viele, viele Ebenen des Geistes gibt. Es gibt oberflächliche Ebenen, in denen negative Anhaftungen, Verzerrungen und Illusionen existieren. Doch die tiefere Ebene des Geistes ist das reine Ebenbild Gottes in der Seele.

In theistischen Begriffen ist die höchste Wirklichkeit Gottes der transzendente und grenzenlose Grund aller anderen Ebenen des Geistes. Diese anderen Ebenen können in drei Befähigungen gefunden werden: Die erste nennen wir „Erinnerung", und damit meinen wir gewiß nicht nur unser alltägliches Gedächtnis, sondern die tiefere Erinnerung, mit deren Hilfe wir uns das Höchste in den Sinn rufen können. Die zweite ist die „Intelligenz", und zwar nicht nur jene, durch die wir abstrakte Begriffe kennen, sondern auch die intuitive, mystische Intelligenz, mit deren Hilfe wir den höchsten, göttlichen Geist kennen – den grenzenlosen, absoluten Ozean der Göttlichkeit. Die dritte Befähigung ist die „Affektivität", das heißt nicht nur die Art und Weise, wie wir Gegenstände kontaktieren und lieben, sondern auch wie wir mit der grenzenlosen Liebe in Kontakt kommen, mit der sich selbst mitteilenden, mitfühlenden Liebe Gottes. Sie alle werden in den Tiefen unseres Wesens abgebildet.

Das einzige Problem ist, daß wir uns selbst vergessen haben, unser wahres Selbst, in dem wir die Erinnerung, die Kenntnis und Liebe Gottes finden. Wir machen von unseren Befähigungen nur Gebrauch, um die Dinge dieser Welt zu erinnern, zu kennen und zu lieben. So haben wir mit unserer Erinnerung unser wahres Selbst vergessen, mit unserem Intellekt reflektieren wir falsch über uns, und mit unserer Liebe lieben wir die falschen Dinge. Deshalb rufen unsere spirituellen Traditionen auch zu einer Reinigung dieser Ebenen des Geistes auf, durch die wir unser wahres Selbst in dem Wissen und der Liebe Gottes entdecken.

BASIL PENNINGTON: Eure Heiligkeit, könnten Sie ein wenig über die Unterscheidung zwischen den Bewußtseinsebenen sprechen?

S.H. DER DALAI LAMA: Die Aufteilung des Bewußtseins in verschiedene Bewußtseinsstufen bezieht sich nicht auf die Grundwesenheit des Geistes, welche Licht und Erkenntnis ist. Vielmehr scheinen diese Unterteilungen im Hinblick auf eine subtile Energie zu geschehen, durch die der Geist sich fortbewegt. Es gibt drei Kategorien solchen Bewußtseins: grob, fein und sehr fein. Welche sind die groben Ebenen des Bewußtseins? Es sind die Wahrnehmungen der Sinnesorgane. Welche sind die feinen Ebenen des Bewußtseins? Es sind die verschiedenen Ebenen der mentalen Begriffe. Und welche sind schließlich die sehr feinen Ebenen des Bewußtseins? Aus der Sicht des Chittamatra-Systems gibt es vier solche Ebenen, genannt die vier Leeren. Diese Leeren beziehen sich nicht auf die Leerheit von inhärenter Existenz. Die vier Leeren werden so genannt, weil sie leer oder bar sind jener subtilen Energie, die den gröberen Ebenen des Bewußtseins als Grundlage dienen.

Wo die Ebenen der Begrifflichkeit – von denen acht verschiedene Arten spezifiziert werden – aufhören, beginnen die vier Leeren. Bei den vier Leeren sind die letzteren feiner als die vorausgehenden; die feinste wird deshalb die „ganz leere" genannt. Warum wird sie als die ganz leere bezeichnet? Weil die vorausgegangenen Ebenen des feinen Bewußtseins aufgehört haben. Die früheren Ebenen hießen „die lebhafte weiße Erscheinung", „die lebhafte rote oder orange Zunahme der Erscheinung", und „die lebhafte schwarze Fast-Erlangung". Die ganz leere Ebene wird „der Geist des klaren Lichtes" genannt und ist aus unserer Sicht der Urgrund allen mentalen Lebens. Es ist schwierig, einen Begriff von dem zu vermitteln, was diese vier Ebenen sind, aber durch die Kraft der Yoga-Meditation kann man einen Eindruck davon erlangen. Manchmal geschieht dies auch mitten in irgendeiner schweren Krankheit oder bei einem Unfall, wenn die früheren Ebenen des Bewußtseins sich auflösen. Es geschieht auch im Laufe des Sterbevorgangs.

JINWOL SUNIM: Was den Geist im Zen betrifft, so ist für uns der „Geist der Weisheit" das wirklich Wichtige. Ich denke, daß die Menschen die Praxis der Zen-Meditation mißverstehen. Sie meinen, Zen sei das Sitzen in der Stille oder die Kunst, eine Einsicht zu erlangen. Doch der wahre Zweck des Zen ist es, wie wir uns in unserem Leben frei verhalten. Dieses Ziel wird durch den Geist der Weisheit verwirklicht.

GUO-CHOU: Die Zen-Leute sagen: „Triffst du Buddha unterwegs, dann töte ihn!" Den Buddha zu töten heißt, den Buddha zu leben. So ist zum Beispiel das Wissen an sich nicht wichtig; Weisheit jedoch ist Wissen, das im Leben angewandt wird. Wir haben zwar unseren Verstand, doch den Dharma in einem „großen Gedanken" wirklich zu kennen, bedeutet „große Umsetzung". Große Umsetzung bedeutet, ein Buddha zu sein. Hier ist das wahre Potential unseres Geistes.

SHOHAKU OKUMURA: Ich komme aus der Soto-Zen-Tradition, die auf den Lehren des Zen-Meisters Dogen beruht. Über Erleuchtung sagte Meister Dogen: Uns allen Wesen, allen Dingen, aller Existenz mitzuteilen, eine solche Praxis der Erleuchtung ist eine Täuschung. Alle Wesen, alle Dinge, alle Existenz übt die Praxis der Erleuchtung durch unseren Körper und Geist aus.

Diese Erleuchtung ist eine Gemeinsamkeit und Verbindung zwischen uns und allen Wesen. Es gibt also nichts zu erlangen. Wir erreichen nichts, und wir verlieren nichts. Indem wir praktizieren, lassen wir unser egozentrisches Selbst immer weiter los und werden immer weiter erhellt oder erleuchtet von allen Dingen, die in diesem ganzen Universum existieren. Dies sollte in den Aktivitäten unseres täglichen Lebens manifestiert oder verwirklicht werden. Das ist unsere wichtigste Praxis.

BLANCHE HARTMANN: Wie Okumura Sensei komme ich auch aus dem Soto-Zen. Dogen setzt die Zen-Meditation (Zazen) mit Erkenntnis gleich, er machte ein Wort daraus. Sein großer, peinigender Zweifel war: Wenn wir von Anfang an Buddha sind, warum brauchen wir dann noch zu üben? Er erforschte diese Frage und ging jenem großen Zweifel durch die Praxis des Zazen nach, und er kam zu der Erkenntnis, daß Zazen und Erkenntnis nicht zwei sind.

Suzuki Roshi sagte einmal, unser Zazen sei: Menschenwesen, die wahre menschliche Natur praktizierten. Unsere wahre menschliche Natur unterstützt unsere Praxis des Zazen, und unsere Praxis des Zazen unterstützt die Erkenntnis unserer wahren menschlichen Natur.

Zorn

JUDITH SIMMER-BROWN: Ich möchte eine sehr praktische Frage stellen. Zu den sehr eindrucksvollen und effektiven Dingen, die sich in der buddhistischen Meditation präsentieren, gehört die Methode zum Umgang mit Zorn. Ich würde gerne etwas darüber erfahren, was in der christlichen Meditation in dieser Hinsicht zur Verfügung steht oder welche Anweisungen es gibt, und wie Sie gezielt mit dem Zorn arbeiten.

JAMES WISEMAN: In der christlichen Tradition – und ich sollte fast sagen: in den christlichen Traditionen, denn es herrscht nicht viel Übereinstimmung in diesem Punkt – werden Sie einige Autoren finden, die zu verstehen geben, daß Ärger in jeder Hinsicht und unter allen Umständen falsch und auszumerzen sei. Wenn Zorn in deinem Herzen auflodert, sollte man ihn so schnell wie möglich loswerden. Es gibt jedoch auch eine andere Richtung in der christlichen Tradition, die Thomas von Aquin vertritt. Er weist darauf hin, daß Zorn, recht verstanden, die angemessene Reaktion auf Unrecht ist und daß schweres Unrecht nur aus der Energie zu bekämpfen ist, die der Zorn freisetzt. Dabei ist also eine Unterscheidung zu treffen zwischen dem Zorn, der angebracht, begrenzt und auf Situationen gerichtet ist, die wirklich ungerecht sind – und andererseits jenem Zorn, der nur aufflammt, weil man vielleicht unreif ist oder unfähig, Kritik anzunehmen usw. Bei dieser zweiten Art des

Zorns wäre ein geistiger Lehrer notwendig, der der Person hilft, zu einem tieferen Verständnis ihres Zorns zu gelangen und dann zu einer Erfahrung der Heilung und des inneren Friedens.

BASIL PENNINGTON: Es gibt viele spirituelle Traditionen im Christentum. Ich möchte nur mitteilen, was ich in meinem eigenen Leben bei Zorn anwende, und was ich lehre im Sinne eines zentrierenden Gebets, eines Herzensgebets. Wie wir vorgehen, hängt vom Grade des Zorns ab. Wenn der Zorn nur etwas schwelt oder glimmt, aber die Art nicht wirklich stört, wie ich normalerweise als christlicher Mensch leben möchte, dann überlasse ich den Zorn einfach der Erledigung durch den Prozeß der täglichen Meditation. Dies tue ich in dem Wissen, daß der Zorn beizeiten aus dem Wege geräumt wird – aber auch in dem Wissen, daß einige Reste des Zorns dazu unter Umständen lange Zeit benötigen, besonders wenn das Unrecht, das den Zorn ausgelöst hat, weiter besteht. Doch wenn der Zorn so intensiv ist, daß er meine Fähigkeit beeinträchtigt, so zu handeln, wie ich sollte, dann gehe ich in mein Zimmer, setze mich hin und beginne mich zu zentrieren. Mit Hilfe meines Gebetswortes gehe ich immer wieder zum Herrn zurück und lasse den Zorn sich von selbst zerstreuen. Wenn der Herr gut zu mir ist und ich genug Zeit habe, bleibe ich dabei, bis ich in einen Zustand der Kontemplation hinübergehe, der vollkommen heilend sein kann. Zumindest aber werde ich bleiben, bis der Zorn genügend zerstreut ist, so daß ich in relativem Frieden zu meinen üblichen Aktivitäten zurückkehren kann.

GILCHRIST LAVIGNE: Auf unserem spirituellen Weg pflegen wir aufkommenden Zorn zu beobachten und dann loszulassen. Er ist nichts, an dem wir festhalten. Er ist an sich nichts Böses. Er ist nur eine besondere Emotion. Emotionen sind an sich nicht böse; sie sind böse, wenn man sie auslebt. Ist der Zorn eine starke Emotion, mag es sehr schwierig sein, nicht von ihm eingenommen zu werden. Es kann lange Zeit dauern, ihn gehen zu lassen, doch genau dies müssen wir tun.

CHUEN PHANGCHAM: Ich bin sehr froh, von Sr. GilChrist zu hören, wie wir mit Zorn umgehen können. Es ist die Antwort auf eine Frage, die sehr häufig gestellt wird. Wut und Zorn üben in der Welt von heute einen sehr großen Einfluß aus. Die Welt brennt und die Welt weint wegen Wut und Zorn. Die Welt ist voller Klagen und Kummer wegen Wut und Zorn. In vielen, besonders in den östlichen Traditionen, wird der Zorn mit einer Schlange, mit der giftigen Kobra verglichen. Sr. GilChrist hat recht, ihn nicht aufzunehmen, sich nicht an ihn zu hängen, ihn nicht anzugreifen und ihn nicht einzuladen. Da der Zorn wie eine giftige Schlange ist, wollten wir ihn in unserem kleinen Zuhause nicht willkommen heißen. Wir sollten die Tür vor ihm verschließen und die Schlange fortkriechen lassen.

Wie können wir unser Haus absperren? Wie Bruder Pennington sagte, können wir ohne Kontemplation die wahre Gefahr von Wut und Zorn nicht erkennen. Also ist es nötig, über sie zu meditieren, um die Gefährlichkeit zu erkennen. Dann gilt es, Achtsamkeit zu entwickeln. Achtsamkeit hilft uns, alle Aspekte des Geistes so zu bewahren, daß wir die Tür unseres Hauses verschließen können, um es zu schützen, so daß kein Zorn es beherrschen kann. Wenn der Zorn jedoch einkehrt und regiert, brennt der Körper, weil der Geist entzündet ist. Er brennt vor Zorn. Also ist es nötig, diesen Zorn loszuwerden, ihn loszulassen. Meditation und Kontemplation können dazu eine Hilfe sein.

Pandith Vajiragnana: Keiner kann einer anderen Person Zorn bringen. Zorn ist eine Emotion in jedem von uns; keiner kann sagen: „Ich trage keinen Zorn in mir." Bei gewöhnlichen Menschenwesen, die keine Heiligen sind, gehört der Zorn zu den Emotionen, die wir alle haben, in größerem oder geringerem Maße. Solange keine entsprechenden Umstände vorliegen, kommt er nicht zum Vorschein, sondern verharrt in einem Schlummerzustand. Sobald die Umstände gegeben sind, beginnt er plötzlich, sich in verschiedenen Formen zu manifestieren. Wenn der Zorn in uns aufsteigt, verändert er unsere ganze Erscheinung. Jedes schöne Antlitz kann augenblicklich häßlich werden. Das ist die negative Macht des Zorns.

Es gibt im Buddhismus keinen Weg, den Zorn als eine gute Sache zu akzeptieren. Unter keinen Umständen kann er als etwas Gutes akzeptiert werden. Neben Zorn und Wut steckt an der Wurzel unseres Geistes auch die egoistische Liebe oder Anhänglichkeit. Unser Geist bleibt nie leer; immer enthält er etwas. Manchmal ist es ein gutes Objekt, das dem Gemüt Frieden gibt; manchmal ist es ein schlechtes Objekt, das uns stört, weil wir nicht verstehen. Deshalb werden diese drei Dinge – Anhaftung, Abneigung und Unwissenheit – in unserer buddhistischen Lehre als die Wurzeln des Übels betrachtet. Alle bösen Dinge begehen die Menschen aufgrund dieser drei Wurzeln. Aufgrund unseres Anhaftens, unseres Zorns und unserer Unwissenheit tun wir ungesunde Dinge. Wenn Sie die Gesellschaft betrachten und alle Verbrechen, angefangen bei kleinlichen Streitigkeiten bis hin zu Kriegen, erkennen Sie, daß sie alle von den Menschen begangen werden aufgrund von egoistischem Anhaften oder Zorn, die wiederum auf Unwissenheit beruhen. Alle ungesunden Dinge werden auf diese Weise begangen, das heißt aufgrund dieser bösen Wurzeln im Denken der Menschen.

LHUNDUP SOPA: Wir sprechen gerade über Zorn und Haß. Die Gegenmittel dieser Gifte sind Liebe und Mitgefühl. Ihr Ursprung ist eine Unwissenheit, ein egoistischer Standpunkt. Aus seiner Perspektive haben wir Menschen gern, die uns nützlich sind, wie unsere Freunde, Verwandten usw. Vom gleichen Standpunkt aus mögen wir andere Menschen nicht, die uns nicht nützlich sind. Wenn ihnen schlimme Dinge widerfahren, können wir aus unserer egoistischen Sicht sogar Freude darüber empfinden. Und wenn jemand diesen Leuten hilft, mögen wir auch ihn nicht, empfinden ihn ebenfalls als unseren Feind, und wir ärgern uns. Ohne diese egoistische oder egozentrische Sicht hast du diesen Ärger nicht. Und wenn du einen egoistischen Standpunkt innehast, wirst du immer Anlaß zum Ärgern finden. Doch Zorn und Ärger, sagen die Buddhisten, ist wie ein Feuer. Die Natur des Feuers ist das Brennen. Also brennt dein Zorn zuerst dich selbst. Du brennst innerlich, und dann erfaßt das Brennen deinen Körper, der zu beben und zittern beginnt, und schließlich sind auch die Worte, die du ausspricht, beißend und brennend. Doch der Zorn brennt nicht nur dich, er brennt auch deine Freunde und Verwandten, und dann deine Stadt und dein Land. Wenn das Feuer unsere Gesellschaft erfaßt, haben wir sogar Krieg, und der Brand gerät außer Kontrolle. Dieses Feuer läßt sich nicht oberflächlich durch gesellschaftliche Gesetze kontrollieren, es muß im Individuellen ausgelöscht werden durch Beseitigung seiner Ursache, den egoistischen Einstellungen, den egoistischen Standpunkten. Unwissenheit ist die stärkste Quelle aller Übel, auch des Zorns. So lehrt der Buddhismus.

DONALD MITCHELL: Häufig hören wir von unseren buddhistischen Freunden: Zorn ist eine negative Verunreinigung; er muß ausgemerzt werden, da er der Unwissenheit entspringt; an seiner Wurzel steckt ein gewisser Egoismus.

Doch wie James Wiseman sagte, gibt es auch eine Art von Zorn, die durch Unrecht ausgelöst wird. Diese Regung scheint mir nicht aus Ichbezogenheit oder Unwissenheit zu kommen, sondern aus Mitgefühl. Wenn ich sehe, daß ein Erwachsener ein Kind mißbraucht, oder wenn ich sehe, daß reiche Leute Arbeiter ausbeuten, sehe ich korrekterweise ein Beispiel von Unrecht, und ich empfinde Mitgefühl für die Opfer. Hier liegt eine ungerechte Situation vor, und der Zorn, den ich spüre, signalisiert, daß dieses Phänomen unangemessen ist und angesprochen werden muß.

Man kann unterscheiden zwischen dem Gefühl des Zorns und dem, was man mit ihm anfängt. Im Christentum ist das sehr wichtig. Der Zorn lenkt unsere Aufmerksamkeit auf das, was in der Tat angesprochen werden muß. Doch dann müssen wir entscheiden, was wir tun werden, um es anzusprechen. Wenn wir es nur aus Zorn ansprechen, dann haben wir das Problem, das Geshe Sopa erwähnte. Doch es gibt auch konstruktive Weisen, Ungerechtigkeiten anzusprechen, Weisen aus einer überlegteren oder kontemplativen Quelle. Soziales Engagement, das zum Beispiel liebevoller Freundlichkeit und Mitgefühl entspringt, gießt ein weiteres Öl ins Feuer. Solches Handeln bewirkt Frieden und Versöhnung. Um aber wirkliche Vergebung und Versöhnung zu erreichen, müssen wir fähig sein, die Wahrheit zu sprechen. Wir müssen imstande sein zu sagen: „Ja, dies ist wirklich falsch." Andernfalls handelt es sich um keine wahre Versöhnung oder Frieden, sondern die Dinge werden nur unter den Teppich gekehrt. Der Zorn an sich muß also nicht unbedingt negativ sein. Er kann auch diese positive Rolle spielen, solange er zu tieferer Reflexion führt und eine Reaktion aus einem tieferen Zentrum als dem Ärger selbst ermöglicht.

JOSEPH GOLDSTEIN: Ich möchte gerne auf die christliche Betrachtungsweise eingehen, daß Zorn zuweilen eine nützliche Reaktion auf Unrecht ist. Unrecht scheint mir ein breites Spektrum abzudecken von sehr großer Gewalt einerseits bis hin zu den persönlichen Ungerechtigkeiten in unseren Beziehungen andererseits. Wenn wir unsere Aufmerksamkeit auf unrechtes Handeln konzentrieren, wird sie sehr leicht dazu führen, daß Zorn aufkommt. Doch wenn wir uns die Unwissenheit vor Augen halten, die hinter der unrechten Handlung steht, scheint es mir, daß wir mit größerer Wahrscheinlichkeit ein mitfühlendes Herz bewahren können. Ich denke nicht, daß dies einem Verzicht oder einer Distanzierung von der angemessenen Reaktion gleichkommt. Vielmehr würde unser Handeln als Antwort auf das Unrecht aus einem ganz anderen Raum in unserem Herzen kommen.

Im Hinblick auf den „gerechten Zorn" – den Zorn angesichts eines Unrechts – gab der Buddha eine Belehrung, die großes Fingerspitzengefühl bei der Unterscheidung verlangt. Er sprach über den sogenannten *nahen Feind* von gesunden Geisteszuständen, das heißt über Qualitäten des Geistes, die wie gesunde Zustände aussehen, jedoch keine sind. Hier gibt es sehr feine Unterschiede, die eine klare Wahrnehmung und geschärfte Unterscheidungskraft verlangen, damit man sie auseinanderhalten kann. So ist zum Beispiel der *nahe Feind* des Mitgefühls – Kummer. Wir begegnen einem Leid, nehmen es wahr und fühlen diesen tiefen Kummer; wir denken, dies sei Mitgefühl. Doch weil es dies nicht ist – obwohl es sich so anfühlen und so aussehen mag –, folgen negative Konsequenzen in Gestalt unseres Handelns.

Hier ist zwischen Kummer und Mitgefühl zu unterscheiden: Kummer enthält Abneigung und Groll gegenüber der Situation. Und man könnte etwa denken: „Dies ist eine schlimme Situation, und ich sollte zornig darüber sein." Die Reinheit des Mitgefühls besteht darin, daß es Unrecht ertragen und annehmen kann; es kann sich mit ihm verbinden, ohne dabei Abneigung oder Ablehnung zu empfinden. Und deshalb erleben wir oft, daß die größten Persönlichkeiten, die wir kennen, von schrecklichem Leid umgeben oder betroffen sind, dabei aber tatsächlich Freude empfinden. Sie tragen das Leid, jedoch nicht aus einer Position des Grollens oder der Ablehnung. Damit kommen wir zu einem weiteren Punkt, der in den Lehren erwähnt wird und, wie ich meine, in gewissem Sinne unseren ganzen spirituellen Pfad erfaßt: Alles hängt von der Motivation ab.

NORMAN FISCHER: Ich komme zurück zu der Frage nach dem „gerechten" Zorn. Ich empfinde leidenschaftlich, daß es wichtig ist, Dinge auszusprechen und nicht zu schweigen. Aber ich spüre auch, daß gerechter Zorn Probleme mit sich bringt. Ich stelle mir gerne vor, daß der Zorn an sich tatsächlich eine Quelle der Energie für Mitgefühl sein kann. Aber sobald wir ihn „gerecht" nennen, öffnen wir uns für die Möglichkeit, uns unterschwellig mit der Situation zu identifizieren. Ich weiß aus eigener Erfahrung: Wenn ich berechtigten Zorn hegte, war meine Effektivität aufgrund meiner Identifikation mit der Situation gewaltig eingeschränkt. Zu den intimsten Dingen, mit denen wir uns identifizieren, gehört unsere religiöse Tradition. Andererseits werden wir unterrichtet, daß der Buddhismus – wie alles andere – leer ist von jeglicher inhärenter Natur. Wenn ich also auf einer subtilen Ebene den Buddhismus in mich aufnehme, mich mit ihm identifiziere und ihn unter gegebenen Umständen mit gerechtem Zorn verteidige, dann habe ich meine Tradition verraten, weil sie in Wirklichkeit leer ist von jeder inhärenter Natur. Wenn uns allen dies über unsere jeweilige religiöse Tradition klar wäre, hätten wir nicht jene Art von religiöser Intoleranz und Gewalt, wie sie in Korea herrscht, wo Christen in diesen Tagen uralte buddhistische Tempel niederbrennen, aber auch anderswo.

BLANCHE HARTMANN: Meine eigene Erfahrung mit dem angesichts von Unrecht berechtigten Zorn ist reichlich und intensiv. Ich war Kommunistin, bevor ich Suzuki Roshi kennenlernte. Meine Umkehr trat ein, als mir während des Vietnamkrieges klar wurde, daß ich für den Frieden kämpfte. Der Widerspruch von Kämpfen und Frieden traf mich wie ein Schock. Es geschah bei einem Studentenstreik an der San Francisco State University. Der erste Tag des Streiks war sehr gewaltsam gewesen; das taktische Polizeikommando hatte die Studenten angegriffen. So wurden Mitglieder der Gemeinde eingeladen, auf den Campus zu kommen, um sich zwischen die Polizei und die Studenten zu stellen. Ich kam dazu, voller Bereitschaft zu kämpfen! Ich beobachtete die streikenden Studenten und andere, die hier und da auf dem Campus in heftige Konfrontationen verwickelt waren. Inzwischen war ich so etwas wie eine Pazifistin geworden, also stand ich da und beobachtete und fragte mich, auf welche Seite ich gehörte. Dann stellte ich mich zwischen je eine Gruppe Polizisten und Studenten. Ich stand direkt gegenüber von einem Polizisten des Einsatzkommandos, der bis zu jenem Augenblick mein Gegner gewesen war. Doch auf einmal hatten wir Blickkontakt, und ich empfand ganz plötzlich und überwältigend intensiv eine Identität, für die ich keine begriffliche Erklärung hatte. Es war einfach eine reine Erfahrung.

Die Erkenntnis, daß dieses „Nicht-Ich" und das „Ich" vollkommen ungetrennt waren, daß es da keine Grenze gab, verwandelte mein Leben. Ich mußte herausfinden, wer so etwas verstand. Als ich Suzuki Roshi traf und ihm ins Antlitz blickte, erkannte ich, daß er mich auf jene Weise wahrnahm. Und so kam ich zum Buddhismus. Nun, wir haben zwei Beispiele vor uns – den Dalai Lama und Maha Ghosananda –, die diese Praxis zu einer solchen Vollendung entwickelt haben, daß sie unglaublichem Unrecht begegnen können, das sie sehr tief berührt, und dabei doch ganz klar bleiben und ihm nicht mit Zorn begegnen. Sie begegnen ihm aus einer anderen Position und Empfindung, wie wir sehen und respektieren, obwohl wir es selbst nicht ganz erleben oder verstehen. Doch ich denke, es ist keinesfalls berechtigter Zorn, und ich glaube nicht, daß der gerechte Zorn irgend etwas bringt. Ich war früher sehr rechtschaffen; und ich war auch sehr zornig.

LOBSANG TENZIN: Natürlich ist der Zorn eines der Hauptprobleme in unserer Gesellschaft. Deshalb müssen wir über ihn sprechen, um ihn zu verstehen und mit uns selbst Frieden zu schließen, um zu einer Lösung zu kommen. Ich denke, im Umgang mit dem Zorn gibt es eine Ebene, die sehr persönlich ist, und eine andere, die eher gesellschaftlich ist, das heißt, sich auf die größere Gemeinschaft bezieht. Ich denke, es ist sehr wichtig, daß wir darauf achten und prüfen, was in unserem Herzen ist, wenn wir mit unserem eigenen Zorn umgehen. Doch der Zorn bezieht oft andere Menschen oder andere Situationen mit ein. Manchmal werden wir vielleicht zornig über uns selbst, doch es geht dabei um eine Situation. Während wir darüber sprechen, daß der Zorn auf dem Nährboden der Unwissenheit wächst und so weiter, ist es wichtig, wie ich meine, in solchen Situationen das größere Ganze zu betrachten und die anderen Menschen, die Teil von ihm sind.

Ich will dies durch ein Beispiel illustrieren, das ich selbst erlebt habe. Als ich nach Atlanta zog, klopften zwei ältere Damen an meine Tür. Sie fragten mich, ob ich erlöst sei, und ich antwortete ihnen: „Ich denke, nein." Sie fragten mich, ob ich etwas über das Christentum erfahren möchte. „Ja natürlich, das würde ich gerne." Da gaben sie mir einige Bücher und baten um eine Spende. Ich gab ihnen eine Spende von fünf Dollar. Später sagte meine Vermieterin, daß diese Menschen wiederkommen würden, und fragte mich, warum ich das getan habe. Aber es beunruhigte mich persönlich nicht, weil ich auf ihren Glauben vertraute. Ich hatte das Gefühl, daß diese Menschen aufgrund ihres Glaubens echt besorgt um mich waren.

PANDITH VAJIRAGNANA: Die Menschen haben unterschiedliche Temperamente, und eines von diesen Temperamenten ist aus Zorn gebildet. Wir tragen ihn alle in uns, deshalb ist es nötig, daß wir ihn erkennen. Was ist also zu tun? Der Buddha sagte unmißverständlich, daß Zorn nicht durch Zorn zu beruhigen ist. Er ist durch Liebe zu stillen. Also müssen wir Liebe üben.

JUDITH SIMMER-BROWN: In der tibetischen Tradition finden wir eine sehr spezifische Empfehlung zur praktischen Arbeit mit dem Zorn. Es ist wichtig, unseren Zorn zu reinigen, damit die Energie unseres Zorns transformiert werden kann in positives und geeignetes Handeln für andere. Es gibt spezifische Übungen, die man praktiziert, um seinen Zorn in echte, mitfühlende Motivation zum Wohle anderer zu transformieren. Ohne solche Verwandlung wird alles, was du tust, durch deinen Zorn verunreinigt sein und wird lediglich weiteren Zorn hervorbringen. Wir verwenden bei diesen Übungen einige Lehrsätze, die ich mit Ihnen teilen möchte.

Der erste Satz lautet: „Gib dir immer selbst die Schuld." Dies bedeutet, wann immer du einer ärgerlichen Situation begegnest, laß dich nicht davon aufregen, sondern übernimm einfach selbst die Verantwortung. Dies bedeutet nicht, selbst zum Opfer zu werden, sondern mit deinem Vertrauen als Bodhisattva hast du die Verantwortung und die Macht, mit dem Vorwurf umzugehen. Pragmatisch gesprochen heißt dies: Wenn du in einer Situation voller Zorn bist – sei es dein eigener oder der eines anderen – und die Verantwortung übernimmst, dann verwandelst du augenblicklich die Situation so, daß du tatsächlich weitergehen und etwas Nutzvolles tun kannst.

Der nächste Satz lautet: „Sei jedermann dankbar." Das ist ein Wahlspruch, der andeutet, daß dein Feind doch dein größter Freund ist, weil er dir, indem er deinen Zorn auslöste, die Chance gegeben hat, deine tiefsitzende Aggression zu entdecken und sie augenblicklich zu transformieren. Der dritte Satz, den ich mitteilen will, lautet: „Drei Objekte, drei Gifte, drei tugendhafte Samen." Wenn du Zorn erlebst und ein Objekt des Zornes vor Augen hast, dann laß dieses Objekt deines Zornes buchstäblich fallen. Du läßt das Objekt des Zornes los und fühlst nur noch den Zorn selbst. Wenn du nun für deinen Zorn kein Objekt mehr hast und die Energie des Zornes selbst fühlst, dann transformiert sich der Zorn in Mitgefühl. Die Energie des Zornes ist vollkommen rein, und wenn wir von der dualistischen Qualität loslassen können, wird diese Energie zu Mitgefühl, welches dann anderen nutzen kann. So wird Zorn zum positiven Ergebnis.

ARMAND VEILLEUX: Als Judith die Leitsätze erwähnte, dachte ich an etwas im Zusammenhang mit dem, was ich sagte. In meinem Vortrag sprach ich über jenen wunderschönen Text von Fr. Christian von Algerien und erwähnte seine Begegnung mit den sechs bewaffneten Männern, die an Weihnachten 1993 zum Kloster kamen. Seit jenem Tage betete Fr. Christian jeden Tag für die Terroristen in den Bergen: „Herr, entwaffne sie." Dann erkannte er, daß er dies nicht sagen konnte, solange er selbst irgendeine Form von Gewalt im eigenen Herzen trug. Und so lautete sein tägliches Mantra in den folgenden drei Jahren seines Leben: „Herr, entwaffne sie und entwaffne mich."

Reinheit

LEO LEFEBURE: Unsere buddhistischen Freunde möchte ich nach der Vollständigkeit der Ausmerzung von Verunreinigungen fragen. Es fällt mir nicht so leicht, diesen Punkt zu verstehen. In der katholischen Tradition sind wir uns der Zerbrechlichkeit und Unzuverlässigkeit unseres Wissens über uns selbst tief bewußt; gleichgültig auf welcher Stufe des spirituellen Wachstums wir uns befinden, bleiben wir doch anfällig gegenüber Selbsttäuschungen und können immer subtileren Versuchungen erliegen. Wir glauben, daß – abgesehen von einigen wenigen Heiligen, denen solche Offenbarung zuteil geworden ist – keiner von uns wissen kann, wie er vor Gott letztlich dastehen wird. Und wir glauben, daß wir in jeder Phase unseres Lebens von Gottes Gnade abhängig sind, und die Gnade Gottes brauchen wir, um den nächsten Schritt zu gehen. Gleichwohl sprechen Sie über die vollständige Ausmerzung von Verunreinigungen.

PANDITH VAJIRAGNANA: Es gibt viele Verunreinigungen, doch alle lassen sich auf drei Kategorien reduzieren: Anhaften, Zorn und Täuschung. Wer die Erleuchtung anstrebt, muß diese drei Kategorien von Verunreinigungen ausmerzen. Dies ist zu erreichen, indem man Weisheit erlangt.

SHARON SALZBERG: Es ist wichtig, zu unterscheiden zwischen der Reinigung des Geistes und der Reinigung der Sichtweise. Die Reinigung des Geistes bezieht sich auf das Erleben in der Meditation, das erwächst aus Konzentration und der Vereinigung des Geistes, die außerordentlich herrlich und segensreich sein kann. Und doch heißt es, daß diese Zustände und diese Arten von Erfahrungen Verunreinigungen nur vorübergehend unterdrücken. Nur Weisheit besitzt tatsächlich die Kraft, Verunreinigungen aufzulösen oder auszureißen. So kann jedes Meditationserlebnis innerhalb des Kontexts dieser Beschreibung reinigend sein, doch es wirkt nicht befreiend. Um mich nicht an Meditationserlebnisse zu klammern, sondern weiterzuschreiten in der Entwicklung und Vertiefung meines Verstehens, war es für mich persönlich wichtig, meine Motivation für die Praxis zu betrachten. Das heißt, mich daran zu erinnern, daß ich nicht nur für mich selbst praktiziere, sondern zum Wohle aller Wesen. Das mitfühlende Gewahrsein aus dieser Motivation hat meinen Pfad wirklich geweitet.

Dieser Pfad der Reinigung in der buddhistischen Tradition dient nicht nur der Evolution der Weisheit, sondern auch der Evolution des Glaubens. Wir haben einen sehr „ursprünglichen Glauben", der uns sogar erlaubt, nur daran interessiert zu sein, Tugendhaftigkeit und ethisches Verhalten zu praktizieren. Und dann kommt, was wir „hellen Glauben" nennen, das heißt die Heiterkeit und das Entzücken, die wir empfinden, wenn wir beim Praktizieren Begeisterung, Freude und so weiter erleben. Das ist eine sehr aufregende und erhebende Zeit – aber sie ist auch nicht sehr verläßlich. Dann gibt es Zeiten der Auflösung und Schwierigkeiten. Meine persönliche Erfahrung empfinde ich im nachhinein wie eine Glaubenskrise. Jene Zeit war äußerst schwierig, und mir kam es vor, als ob sich ständig alles auflöste – es war recht hartnäckig. Es war sehr beängstigend, und tatsächlich half mir nur der Gedanke an meine Lehrer und an den Buddha, um weiterzugehen. Es schien, als gäbe es keinen Weg zurück, und aufgrund jenes Glaubens ging ich weiter. Dann fand ich in der Entdeckung, daß es nichts und auch niemanden gibt, an dem man sich festhalten konnte, einigen Frieden und Gleichmut. Mit jenem Verständnis gewann ich eine Art „bestätigten Glauben", der nicht nur auf einem Erlebnis beruhte, sondern auf einer tieferen Schau der Wahrheit basiert. Schließlich kommt der „unerschütterliche Glaube" und mit ihm die Erkenntnis, daß es kein Zurück mehr gibt – keinerlei Umkehren –, weil man viel tiefer gesehen und für sich selbst ein Empfinden der Wahrheit erlangt hat.

NORMAN FISCHER: Ich möchte auch eine Sekunde über das Thema sprechen, das Reverend Bruder Leo aufwarf. Ich stimme mit dem überein, was Sie über die katholische Tradition sagten, daß es kein Ende der Konfusion gibt, die im Denken entstehen kann. Es ist, wie Sie sagten: Mit Ausnahme einiger weniger großer Heiliger haben wir alle es mit dieser Tatsache zu tun. Und doch ist meine Erfahrung, daß der Geist in verschiedenen Konfigurationen und mit verschiedenen Tönen und Gefühlen entsteht. Mir scheint es, die Idee, daß ich verwirrt bin oder daß ich nur ein schwaches Menschenwesen bin und so weiter, kommt noch hinzu. Natürlich wird etwas geschehen. Es mag gut sein, oder es mag schlecht sein. Es mag ein Beispiel meiner eigenen Verwirrung aus der Vergangenheit sein, oder es mag eine Kostprobe meiner eigenen Erleuchtung gerade jetzt sein. Was auch immer es ist, ich werde mein Bestes versuchen, um ihm zu begegnen mit dem, was ich weiß und woran ich bin, und mit all der Hilfe, die ich von jenen um mich herum bekommen kann.

LHUNDUP SOPA: Wie sind wir nach der Mahayana-Lehre imstande, unsere Täuschungen, unser Elend, Leiden und alle unerwünschten Dinge loszuwerden? Jedermann strebt nach Befreiung, Freiheit und etwas Vollkommenem wie immerwährendem Frieden. Während Menschen die Vollendung suchen, ist Unvollkommenheit überall – in Körper, Rede und Gedanken, innerhalb des Individuums ebenso wie in der Gesellschaft. Wie können Sie etwas Unvollkommenes ändern in etwas Vollkommenes? Können unreine Dinge rein werden? Nehmen wir zum Beispiel unseren individuellen Geist. Der Buddhismus lehrt: Wenn der Geist vollkommen wird, wird alles vollkommen werden. Wenn der Geist unvollkommen und voller Täuschungen ist, dann gibt es keine Freiheit oder Frieden, ganz gleich, was man auch versucht. Doch jene Freiheit, wie ist sie möglich? Ein jeder will höchsten Frieden und Glück erreichen; und nicht nur religiöse Menschen, sondern alle Menschen streben sie an. Viele Menschen suchen diese Ideale in zeitlichen, kleinen Dingen. Das spirituelle, religiöse Ziel ist es, permanente Freiheit, Frieden und Glück zu erlangen. Doch ist dies möglich?

Aus buddhistischer Sicht ist es möglich, weil unser Geist seinem Wesen nach rein ist. Heute ist er voll von Täuschungen, Anhaftungen und Haß. Doch diese Dinge sind wie Rostflecken auf Eisen oder wie Wolken am Himmel. Die Flecken lassen sich entfernen, die Wolken werden verweht. Und wie können wir diese Flecken loswerden, die unseren Geist trüben? Die Ursache der Flecken ist Unwissenheit, deren machtvolles Gegenmittel ist Weisheit. Wenn die Unwissenheit mit der Wurzel herausgezogen wird, dann ist Nirvana möglich, dann ist ein erleuchtetes Menschenwesen möglich, und auch die Vereinigung mit Gott mag möglich sein – vielleicht, wir müssen darüber nachdenken. Was bedeutet Unwissenheit? Das ist ein sehr wichtiges Thema im Buddhismus. Entscheidend aber ist, daß sie ausgetilgt werden kann und daß Frieden und Glück zu erlangen sind.

Samu Sunim: Bezugnehmend auf die Frage von Täuschung und Reinheit, möchte ich gerne etwas über das plötzliche Erwachen sagen. In unserer Tradition ist die Buddhaschaft bereits in uns vorhanden, sie ist also nicht etwas außerhalb von uns. Nehmen wir zum Beispiel an, dieser Raum war dunkel gewesen, hat niemals Licht gesehen. So war es, sagen wir, dreihundert oder vierhundert Jahre oder nur drei Tage oder drei Wochen; es spielt keine Rolle. Doch wenn ich heute, just in diesem Moment, eine Kerze anzünde, dann ist es licht, und die Dunkelheit ist fort. Man mag sich fragen: „Wohin ist die Dunkelheit gegangen?" Tatsächlich aber ist sie nirgendwohin gegangen: Die Dunkelheit wurde einfach in Licht verwandelt. Dies bedeutet also: Selbst wenn dieser Raum im Dunkel war, war doch das Licht-Potential die ganze Zeit in der Dunkelheit vorhanden. Das ist die Beziehung zwischen Unwissenheit und Erleuchtung.

Stufen

EIN MÖNCH DES KLOSTERS GETHSEMANE: Ist es absolut unerläßlich, daß man durch all die spirituellen Stufen im Buddhismus geht?

PANDITH VAJIRAGNANA: Es ist nicht absolut unerläßlich, durch all die Stufen zu gehen; Buddha hat Dinge niemals auf diese Weise erklärt. Später erst systematisierten die Lehrer diese Dinge in Form von Stufen. Der Meditierende versucht nicht, die Stufen eine nach der anderen in der richtigen Reihenfolge zu erringen. Wir verwenden zwei Arten der Meditation – beruhigende Meditation und Einsichts-Meditation –, um die Wahrheit über die Vergänglichkeit, das Leiden und die Selbst-Losigkeit zu erkennen. Die Wahrheit kann einer Person bald zuteil werden, sie kann aber auch einige Zeit benötigen. Wer den Weg der Meditation beschreitet, wird auf diesem Weg diese Stufen ganz natürlich erreichen und passieren – und möglicherweise, ohne daß er es merkt. Die Lehrer sagen, man sollte nicht daran denken, alle diese Stufen passieren zu müssen, sonst ließe man den Mut sinken.

JOSEPH GOLDSTEIN: In bezug auf die Stufen möchte ich gerne eine Metapher vorstellen. Die Stufen sind wie das, was passiert, wenn eine Person aus einem Flugzeug fällt. Zuerst empfindet man die ungeheure Leichtigkeit des freien Falles; es ist, als nähme man tatsächlich das Aufsteigen und Vergehen aller Phänomene wahr und als besäße das Leben keinerlei Substantialität. Es gibt nur diese ungeheure Leichtigkeit, Befreiung und Glück. Doch nach einiger Zeit erkennt der Fallende, daß er keinen Fallschirm bei sich hat. Es folgen Stufen größter Angst und höchsten Entsetzens, weil es eben keinen Fallschirm gibt – keine Sicherheit –, und die Dinge sehen nicht so gut aus. Aber an einem bestimmten Punkt – nach der Entdeckung, daß es keinen Fallschirm gibt – erkennt der Fallende auch, daß es keinen Boden unter ihm gibt. Auf ähnliche Weise gelangt auch der Praktizierende an einen Punkt stabilen Gleichmuts, an dem echte spirituelle Einsicht reift.

DONALD MITCHELL: Eines des Themen unseres Dialoges war die Notwendigkeit, ungesunde Zustände des Bewußtseins anzusprechen und gesunde Zustände des Bewußtseins zu pflegen, negative Neigungen anzusprechen und positive Veranlagungen zu kultivieren. Wir sprachen darüber am Beispiel des Zorns. Doch nun, während wir betrachten, wie wir mit dieser Art von Dingen umgehen können, geht es nicht mehr um nur bestimmte Zustände des Bewußtseins, sondern um das Leben selbst. Sie sagen, daß sich unser Leben dadurch ganz verwandeln wird, daß wir die Natur des Lebens verstehen lernen, wenn wir die Wahrheit begreifen über die Vergänglichkeit, das Leiden und die Selbst-Losigkeit. Als Sie die Furchtlosigkeit beschrieben, die mit dieser Erkenntnis einhergeht, fragte ich mich: „Wie ist das genau? Wie ist es, wenn ich entdecke, daß ich keinen Fallschirm habe? Wie ist es, wenn ich entdecke, daß es keinen Boden unter mir gibt? Und wie ist es, sich auf diese neue Wirklichkeit des Nirvana einzulassen?"

PANDITH VAJIRAGNANA: Wenn der Mensch die Natur des Lebens und seine Kontinuität untersucht und seine Vergänglichkeit erkennt, die Unzufriedenheit verursacht, sowie die Substanzlosigkeit des Lebens sieht, dann kommt Ängstlichkeit auf, und der Mensch will seine Angst loswerden. Wenn er fortfährt zu praktizieren und die Konzentration tiefer wird, sieht der Mensch allmählich das Entstehen, die Veränderung und das Vergehen aller Existenz. Dann erkennt er, daß es in diesem Lebensprozeß nichts gibt, das als substantiell zu verstehen ist, nichts, an dem man sich festhalten kann, denn alles ist substanzlos. Wenn der Meditierende sieht, daß es im Leben nichts Ewiges oder Unveränderliches gibt, daß alles sich verändert und daß Veränderung uns unglücklich stimmt – wenn diese Erkenntnis in ihm Platz zu greifen beginnt, dann empfindet er Gelassenheit gegenüber allem. Dann gibt es keine Anhänglichkeit zu dem einen oder Abneigung gegen ein anderes. Der Mensch empfindet Gelassenheit und Gleichmut gegenüber allem. Und das gibt dem Meditierenden einigen inneren Frieden und ermutigt ihn, fortzufahren.

Wenn er auf seinem Pfade weitergeht, fließen ihm mehr innerer Frieden, Erkenntnis und Verständnis zu. Manche von den Hindernissen, den Fesseln des Geistes, verschwinden. Wenn sie nicht mehr im Wege stehen, wird der Geist sehr leicht, sehr klar und konzentriert. Der Mensch beginnt, aus der Ferne die wahre Natur der Nirvana-Seligkeit zu fühlen. Dies ist der erste Eintritt in den Strom der Heiligkeit, und er gibt dem Menschen Mut, seinen Weg weiter zu beschreiten. Wenn der Mensch anfängt, die Wirklichkeit klarer zu sehen, verschwinden die starken Fesseln, die ihn binden, und allmählich schreitet er fort, auf das Nirvana zu.

NORMAN FISCHER: Bei der Vorstellung von Stufen auf dem Wege fühlte ich mich an das Wort erinnert, daß die Landkarte nicht das tatsächliche Gelände ist. Ich denke, daß wohl alle Landkarten des Pfades sehr nützlich sind, doch wenn man die Karte irrtümlich für das Land hält, dann verfehlt man den tatsächlichen Weg.

BASIL PENNINGTON: An manchen Tagen stelle ich in der täglichen Praxis fest, daß mir, sobald ich mich setze, vor Augen kommt, was am jeweiligen Tage geschieht: die Ängste, die Freuden, die Pläne, die Sorgen, die Probleme und Kümmernisse. Dann muß ich mein Gebetswort verwenden, um da hindurchzukommen, bis es sich auflöst und die Freiheit kommt. Dann erst kann ich wirklich tief in der Präsenz ruhen. An anderen Tagen setze ich mich nieder, und augenblicklich bin ich da; manchmal ist dann die ganze Meditation so. An wieder anderen Tagen setze ich mich nieder und bin da, doch dann, ganz plötzlich, kommt an irgendeinem Punkt aus den Tiefen der Erinnerung einer jener „Knoten", die tief dort unten sind. Wieder findet durch Einsatz des Gebetswortes, einfach indem ich die Gedanken gehen lasse, die Heilung jener Erinnerung statt, Stück für Stück. Es ist ein sehr einfacher Prozeß, der sich sozusagen selbst entfaltet.

Ich bin zutiefst überzeugt, daß *jeder,* auch jeder Laie an seinem Ort und beschäftigt in der Welt, der zweimal am Tage zwanzig Minuten lang getreu meditiert, zu jener Transformation des Bewußtseins gelangen wird. Schließlich wird er zur wahren Freiheit kommen. Oder er wird, wie wir es in der christlichen Tradition zuweilen ausdrücken, dem falschen Selbst sterben – jenem Konstrukt, das gebildet ist aus dem, was ich habe, was ich tue, was andere Menschen von mir denken, aus den Dingen, an denen ich hänge oder um die ich mich sorge und so weiter. Alledem sterben wir alle, und wir finden unser wahres Selbst in Gott und die ungeheure Freiheit, die daraus erwächst.

Wie Jesus sagte, beurteilen wir einen Baum nach seinen Früchten. Jene Früchte, von denen Paulus in seinem Brief an die Galater in unserer Heiligen Schrift spricht – die Früchte des Geistes –, sind Liebe, Freude, Geduld, Freundlichkeit, Mitgefühl und Reinheit. Diese Früchte wachsen in unserem Leben in Gott. Ich war ein sehr ichbezogener, ehrgeiziger und zorniger junger Mann, und ich stieß mit einiger Häufigkeit die Leute vor den Kopf. Doch ich kann mich an die Zeit erinnern, als ich plötzlich erkannte, daß ich schon einige Zeit nicht mehr zornig gewesen bin, ja daß ich mich an das letzte Mal nicht mehr erinnern konnte. Die Heilung findet statt, wenn wir dem Praktizieren treu bleiben. Wir müssen kein Auge darauf haben, wir brauchen es nicht zu beurteilen, auf ein Maß zu achten oder die Stufen zu markieren. Wir brauchen die Praxis nur zu leben und ihr treu zu bleiben, und sie wird für das übrige sorgen.

ESHIN NISHIMURA: Es wurde darüber gesprochen, einige Stufen hinaufzuklettern, als ob man eine Leiter erstiege. Doch ich denke, wenn man ganz oben auf der Leiter ankommt, ist das ein sehr gefährlicher Ort, nicht wahr? In der Zen-Lehre werden wir sehr eindringlich unterrichtet, daß man einen weiteren Schritt machen muß, einen kleinen Schritt, von der Spitze der Leiter herunter. Haben Sie eine solche Anweisung auch im Christentum?

PIERRE DE BÉTHUNE: Natürlich sind die Bilder des Immer-höher-Steigens nur Bilder, und wir müssen sie immer durch andere Bilder korrigieren. Andernfalls, wenn wir uns an jene Bilder klammern, wird es Verwirrung geben. In meinen eigenen frühen Jahren des christlichen Gebets betrat ich selbst viele Jahre lang Stufen auf meinem Weg des Aufstieges. Als ich dem Zen-Buddhismus begegnete, begann ich einen anderen Weg nach unten zu gehen, immer tiefer, um das Bild der Leiter zu korrigieren. Auf diese Weise verschafft mir meine Zen-Praxis einen guten Ausgleich. Sie gleicht meine Kultur des Wortes aus durch ihre Kultur der Stille. Ich bin dem Zen-Buddhismus tief verpflichtet dafür, daß er mir geholfen hat, in dieser Erfahrung der Stille viel tiefer zu gehen. Und ich denke, daß wenn wir beide Erfahrungen – die der Stille und die des Wortes – haben, können beide wirklich sehr viel bessern.

JAMES CONNER: Ich war getroffen von der Verwendung des Bildes, den Mast hinaufzuklettern und von ihm abzutreten, weil Thomas Merton, falls Sie sich erinnern, in seinem letzten Vortrag in Bangkok auf das nämliche Bild anspielte, als er sagte: „Wohin wirst du gehen, wenn du die Spitze eines Zehn-Meters-Mastes erreicht hast?" Er stellte diese Frage, um auf jenen Sprung im Glauben zu kommen, den wir machen müssen: einen Sprung des Glaubens in das Vertrauen in uns selbst, Vertrauen in den Geist in uns. Dies läßt mich an das Bild denken, das Joseph Goldstein gebrauchte, jenes Bild vom Absprung ohne Fallschirm und der Entdeckung, daß es keinen Grund gibt, auf dem du landen mußt. Vielleicht ist dies das Ziel des Kletterns und Hinaufsteigens: der Sprung im Glauben.

ARMAND VEILLEUX: Wenn die Wüstenväter über Gebet sprachen, war eines sehr wichtig für sie. Ihre einzige konkrete Lehre über das Gebet – wir finden sie im Neuen Testament – ist nicht, daß wir soundso oft am Tage oder soundso viele Male in der Woche beten sollten, sondern, daß wir „ohne Unterlaß" beten sollen. Dieses unablässige Gebet ist das einzige, um das es uns geht. Und dann werden jene, die anfangen, ein wenig mehr über diese Sache zu reflektieren, sich um das Ziel des Gebetes bemühen; es ist die vollkommene Vereinigung in Liebe mit Gott. Dann werden sie sich auch bemühen um das Aufräumen und Bereinigen, das in uns selbst zu erledigen ist, um an jenem Ziel anzukommen. Und wenn Menschen anfangen, über das zu reflektieren, was sie in ihrer sich entfaltenden Beziehung mit Gott gelebt haben, dann beginnen sie die verschiedenen Dinge zu analysieren, die im Laufe jener Entwicklung ihrer Beziehung mit Gott in ihnen geschehen sind. Hier finden wir die Stufen als Phasen erwähnt. Manchmal sind die Stufen numeriert, wie bei den verschiedenen Graden der Demut des heiligen Benedikt. Doch die Menschen erreichen die Stufen in verschiedenen Abständen und in verschiedenen Reihenfolgen. Deshalb denke ich nicht, daß wir uns zu viel um die verschiedenen Stufen kümmern sollen. Sie sind wichtig, doch am wichtigsten für das Christentum ist die vollkommene Vereinigung mit Gott.

Jinwol Sunim: Ich hatte aus Fr. Wisemans Rede den Eindruck, daß man in der Kommunion mit Gott so eins ist mit Gott, daß das ganze Denken des Augenblicks von ihm erfüllt sein wird. Dabei wird jede Regung des Menschenherzens zum ununterbrochenen Gebet. In unserer Zen-Religion bleiben wir beim Zweifeln und Praktizieren, bis wir endlich und plötzlich einen Durchbruch erleben. Auf einmal verschwindet die Dunkelheit, und Erwachen und Erleuchtung sind da. Heute weiß ich, daß aufgrund des nichtdualen Gebets der Kommunion, einfach indem man auf diese Weise betet, am Ende jenes Prozesses etwas geschieht. Sr. GilChrist zitiert Thomas Merton, der gesagt hat: „Das Tor des Himmels ist überall." In diesem Falle bedeutet Himmel nicht, wohin du gehst, nachdem du stirbst, sondern als „überall" bedeutet er das Reich Gottes, oder nach buddhistischer Vorstellung eine Art von „Reines Land". Nach unserer Tradition ist das Reine Land in unserem Geist. Das Entscheidende ist, daß das Tor des Himmels überall ist, so daß du es überall durchschreiten kannst.

DAVID STEINDL-RAST: Mit den Worten „der Himmel ist überall" meinte Thomas Merton auch, daß der spirituelle Weg nicht nur daraus besteht, einen Fuß vor den anderen zu setzen und viele, viele Schritte zu machen. Der spirituelle Weg besteht daraus, deine Augen zu öffnen und zu sehen, daß du bereits angekommen bist. Es ist nicht ein Entweder-Oder, sondern man kann es von zwei verschiedenen Seiten betrachten.

Liebe

SHARON SALZBERG: Ich habe zwei Fragen. Eine ist vielleicht eher theoretisch, und sie hat mit unserer eigenen Liebeswürdigkeit oder liebenswerten Art zu tun. Diese scheint anscheinend im Widerspruch zu dem zu stehen, was Augustinus über die Liebe zu sich selbst sagte: Sie zeige das Antlitz der Torheit. Da scheint entweder Liebe oder das Selbst in einer ganz anderen Bedeutung verstanden worden zu sein. Ein Art von Eigenliebe ist sehr begrenzend und egoistisch, eine andere ist befreiend. Die praktische Unterscheidung treffen wir anhand der Art und Weise, wie wir uns zu den Verunreinigungen stellen, die in unserem Bewußtsein aufsteigen. Jeffrey Hopkins bezog sich gestern auf die buddhistische Lehre, daß der Geist von Natur aus strahlend und rein sei, daß er von Natur aus glänze. Unsere Probleme werden aufgrund der uns heimsuchenden Kräfte Verunreinigungen genannt. Doch diese Verunreinigungen kommen zu uns wie Besucher, sie sind nebensächlich, kein inhärenter Bestandteil unseres Wesens.

Ich habe jedoch in meiner eigenen Praxis gesehen und beim Unterrichten festgestellt, daß es sehr schwierig ist, diese Tatsache zu erkennen und Glauben oder Vertrauen in sie zu setzen. Deshalb ist eines der besten Mittel, die uns gegeben sind, tatsächlich das Praktizieren der liebevollen Freundlichkeit zu uns selbst. Wenn wir in der Tradition des Theravada-Buddhismus mit der Praxis der liebevollen Freundlichkeit beginnen, fangen wir bei uns selbst an – was beim Beschreiten eines spirituellen Pfades oft auf den ersten Blick recht anstößig anmutet. Es erscheint uns als egoistisch oder auf irgendeine Weise begrenzend. Doch tatsächlich gilt es als der Beginn oder unsere erste Annäherung an jenes Empfinden der natürlichen Strahlung und Reinheit unseres Geistes. Es hilft uns auch, eine Beziehung zu Verunreinigungen wie Zorn aufzubauen und dahin zu gelangen, daß wir davon abkommen, solche Verunreinigungen mit dem zu identifizieren, was wir wirklich sind. Deshalb bitte ich Sie beide, wenn es möglich ist, etwas darüber zu sprechen, ob es angemessen ist, sich selbst als liebenswert zu betrachten, und ob es Methoden oder Techniken gibt, dieses Empfinden zu kräftigen.

JAMES WISEMAN: Ich möchte meine Antwort mit dem Hinweis beginnen, daß im allerersten Buch der Bibel, und zwar im allerersten Teil jenes ersten Buches, nämlich in der Genesis, bei der Darstellung der Schöpfung und der Beschreibung all der verschiedenen Dinge, die der Herrgott machte, als Refrain zu lesen ist: „Und Gott sah, daß es gut war." Am sechsten Tage der Schöpfung dann, als die Menschenwesen erschaffen wurden, heißt es sogar: „Und Gott sah, daß es *sehr* gut war." Ich denke, ein Vers wie dieser ist wirklich von fundamentaler Wichtigkeit für unser Verständnis dessen, was wir sind. Tief innen – im innersten Kern, auf der elementarsten Ebene – sind wir gut gemacht worden. Deshalb gilt alles, was danach schiefging, in unserer Terminologie als nebensächliche Verunreinigung. Wir neigen mehr dazu, Begriffe wie Sündhaftigkeit und Unvollkommenheit zu gebrauchen, doch ich bin mir nicht sicher, daß hier ein himmelweiter Bedeutungsunterschied vorliegt. Jene unter Ihnen, die in der Psychologie geschulter sind, als ich es bin, dürften dies besser wissen, doch ich weiß zumindest, daß das Schädlichste, das man einem Kinde jemals antun kann, das ständige Niedermachen und Herabsetzen der Persönlichkeit des Jungen oder Mädchens ist: „Du taugst nichts, du bist nichts wert!" Wenn Sie je die Lebensbeschreibung von Jean Genet gelesen haben, werden Sie erkennen, wie schrecklich negativ diese Art von Behandlung in seiner Kindheit war, und wie sie sich noch ins Erwachsenenalter ausgewirkt hat.

So stimme ich voll mit Sharon überein: Genau wie Sie in Ihrer Tradition dazu auffordern, liebevolle Freundlichkeit zuerst gegenüber sich selbst zu üben, würden auch wir es tun. Ich möchte behaupten, daß Jesus mit seinen Worten „Liebe deinen Nächsten wie dich selbst" auch eine gesunde Eigenliebe meinte. Der hl. Bernhard spricht in seiner großartigen *Abhandlung über die Gottesliebe* von vier Stufen zur Gottesliebe. Die erste, sagt er, sei die Liebe zu sich selbst um seiner selbst willen. Wenn Sie sein Werk nur bis hierhin lesen, werden Sie annehmen, daß die höchste Stufe bei Bernhard schließlich der Gipfel reinster Gottesliebe sein werde. Doch für ihn ist die höchste Form der Liebe, alle zu lieben – einschließlich seiner selbst, um Gottes willen.

Bezüglich darauf, wie dies zu bewerkstelligen ist, stimme ich völlig mit Papst Johannes Paul überein – und mit so vielen anderen Menschen in unserem Lande und in unserer Welt von heute –, der darauf hinweist, daß der Zusammenbruch der Familie so etwa das Tragischste ist, was heute geschieht. Was wir alle als Erstes und Wichtigstes brauchen, sind liebende Mütter und Väter, von denen wir als Kinder ein gesundes Empfinden für die Eigenliebe, für das Gute in uns und den inneren Selbstwert vermittelt bekommen. Wenn dies bereits in den frühen Lebensjahren schiefgeht, dann dürfte, wie ich meine, jene Art der Meditations- und Gebetspraxis, über die Sie gesprochen haben, sehr hilfreich sein.

EWERT COUSINS: Da ich heute vormittag über Augustinus sprach, sollte ich mich hier vielleicht wieder zu Wort melden. Es ist wahr, daß Augustinus das Hauptgewicht auf die das Selbst überwindende Liebe legt und sagte, die Alternative zeige das Antlitz der Torheit. Doch in diesem Kontext bedeutet das: Es wäre der Inbegriff der Torheit, wenn dies alles wäre, was Sie haben.

Ich denke, daß wir im Westen eine Art Polarität finden können, die für das menschliche Erleben natürlich ist. Einerseits gibt es die gesunde, wohlreflektierte Selbsteinschätzung, die authentische Wertschätzung unserer selbst als Geschöpfe Gottes, oder, wie der hl. Bernhard sagte: Wir lieben uns selbst um unserer selbst willen; dies ist der erste Grad der Gottesliebe. Andererseits gibt es die selbstüberwindende Liebe. Wir haben ein berühmtes Beispiel in Richard von Saint Victor, dem Theologen und Mystiker im 12. Jahrhundert, der es vielleicht besser als jeder andere formulierte, als er über die Vollendung der Nächstenliebe sprach. Er zitiert Gregor den Großen, einen der größten monastischen Schriftsteller, und schreibt: Wenn wir nach der Vollendung der Nächstenliebe, der *caritas*, fragen, sagen wir nicht, daß eine Person die Vollendung der Liebe besitze, wenn er oder sie *nur* Liebe zu sich selbst habe. Wenn eine Person Liebe zu sich selbst hat, würden wir nicht sagen, daß er oder sie die Vollendung der Liebe erlangt hat. Es ist eine Art instinkthaften, spontanen Widerstandes, der uns davon abhält, solches zu sagen. Doch laut Bernhard und auch Augustinus ist es gleichwohl notwendig, Liebe zu empfinden, die mit Selbstwertschätzung verbunden ist. In der christlichen Tradition stützt sich diese Forderung auf die Tatsache, daß wir Geschöpfe Gottes sind.

S.H. der Dalai Lama: Ich möchte etwas aus den buddhistischen Texten erwähnen, das, wie ich meine, für unsere christlichen Schwestern und Brüder sehr passend ist. Es geht um die Wichtigkeit, eine altruistische Intention zu pflegen, um sich selbst zum Wohle der anderen spirituell zu entwickeln. Im Laufe dieses Prozesses erkennt man, daß man sich selbst wohl mag, dabei aber einen Mangel an Wertschätzung für die anderen aufweist. Dann würden wir darüber reflektieren, welche Nachteile es hat, sich selbst zu mögen, und welche Vorteile es gibt, die anderen zu schätzen. Durch diese Betrachtungsübungen wird die Selbstwertschätzung reduziert, und die Wertschätzung für andere verstärkt entwickelt. Dabei entfaltet man das sogenannte Vernachlässigen seiner selbst und die Hervorhebung des Wohles der anderen. Dies bedeutet jedoch nicht, daß man seine eigene Situation völlig außer acht lassen würde. Denn um auch nur ein Empfinden für die Wertschätzung für andere zu entwickeln, muß man wissen, was es bedeutet, sich selbst zu schätzen. Selbstlosigkeit heißt also nicht, sich selbst einfach zu vergessen. Was es jedoch zu reduzieren gilt, ist jegliches egoistische Gefühl, das einen dazu bringt, den anderen auszunutzen oder ihm zu schaden. Ein zu geringes Selbstwertgefühl ist im allgemeinen sehr negativ. Ich denke, daß mangelhaftes Selbstwertgefühl oder sogar Selbsthaß wirklich etwas Trauriges ist. Es ist überhaupt nicht gut.

Sie sehen also: Wenn wir es mit verschiedenen mentalen Emotionen zu tun haben, müssen wir genau wissen, was positiv und was negativ ist. Es gibt zum Beispiel zwei Arten von Begehren. Das Begehren nach mehr Glück oder das Begehren, Gott nahe zu sein – solche Arten des Begehrens sind sehr konstruktiv. Andere Arten, wie alle möglichen Dinge zu besitzen, führen uns am Ende in Enttäuschung und Unglück. Es kann auch zwei Arten von Zorn geben. Eine Form des Zorns ist von Mitgefühl motiviert und in einem realen Sinne sehr konstruktiv. Doch jene Art des Zorns, die sich schließlich zu Haß entwickelt, ist absolut negativ. Wir müssen also unterscheiden. Weiterhin gibt es auch beim Ichgefühl, dem Empfinden eines starken Selbst, zwei Arten. Die eine sagt: „Ich kann mich anstrengen und hart arbeiten, um anderen zu dienen! Ich muß mich dem Wohle anderer widmen!" Um eine solche feste Entschlossenheit zu entwickeln, brauchen wir ein starkes Selbstgefühl, das sehr positiv ist. Die andere Art von Ichgefühl bringt uns dazu, anderen ohne jedes Zögern zu schaden. Diese Art von starkem Ichgefühl ist sehr negativ. Wieder müssen wir unterscheiden, wenn wir es beim Entwickeln von Liebe und Mitgefühl mit unterschiedlichen Emotionen zu tun haben.

Ich schlage vor, zur Kultivierung von Mitgefühl empfindende Wesen als Gegenstände der Meditation zu nehmen, die von Leiden erfüllt sind, und dann zu wünschen, daß sie von ihrem Leiden frei werden mögen. Um Liebe zu kultivieren, kann man als Objekt seiner Meditation Wesen nehmen, die das Glück verlassen zu haben scheint, um dann den Wunsch zu entwickeln, daß sie von Glück erfüllt werden mögen. In beiden Fällen sollte man unvoreingenommen sein. Aufgrund unseres Gefühls gegenüber unseren eigenen nahen Freunden neigen wir gewöhnlich zu einer Art von natürlicher Sorge um ihr Wohlergehen. Das ist nicht unbedingt echtes Mitgefühl, denn es ist mit Anhänglichkeit vermischt. Somit handelt es sich um ein voreingenommenes Gefühl, das sich nur auf eine begrenzte Zahl von Menschen richtet. Auch weil die Einstellung unserer Freunde uns selbst gegenüber positiv ist, empfinden wir als Antwort Mitgefühl oder ein Gefühl der Nähe zu ihnen. Auch das ist kein echtes Mitgefühl. Echtes Mitgefühl achtet nicht darauf, wie der andere zu uns steht. Ein echtes Empfinden von Interesse und Sorge um die anderen können wir nur auf der Basis unserer Erkenntnis entwickeln, daß die anderen genau so sind wie wir selbst: Auch sie wollen glücklich sein, auch sie wollen kein Leiden, und auch sie haben das Recht, ihr Leiden zu überwinden. Das ist echtes Mitgefühl; es ist nicht voreingenommen und erstreckt sich selbst auf unseren Feind.

Nun, wie kann man diese Art von Sorge oder Mitgefühl entwickeln? Der Weg zum Mitgefühl ist zunächst einmal, ein Wesen zu visualisieren, dessen Leiden so schwer ist, daß wir, wenn wir daran denken, es als unerträglich empfinden. Wir wollen es nicht einmal betrachten. Doch stellen Sie sich diese Person vor und reflektieren Sie über die Eigenschaften ihres Leidens. Dann reflektieren Sie über die Tatsache, daß diese Person Ihnen ähnlich darin ist, daß auch sie glücklich sein und nicht leiden will. Im Laufe der Zeit werden Sie eine zunehmend intensive Fürsorge für jene andere Person empfinden. So entwickelt man Mitgefühl. Dann lenken Sie Ihr Bewußtsein in der Meditation zu anderen Personen, die Ihnen nahe stehen, zu einem nach dem anderen. Schließlich arbeiten Sie an Ihren Feinden, einem nach dem anderen. Denken Sie an sie, und führen Sie sich vor Augen, daß sie Ihnen ähnlich sind. Auch sie wollen glücklich sein, auch sie wollen kein Leiden, und auch sie haben das Recht, vom Leiden frei zu sein. Auf diese Weise können Sie die gleiche Kraft der Fürsorge auch in bezug auf Ihre Feinde entwickeln. Es ist wichtig, daß wir uns Mühe geben, Mitgefühl zu jenen Wesen zu entwickeln, die zu lieben uns schwer fällt. In den Evangelien finden wir die gleiche Anweisung über die Notwendigkeit, Geduld und Nachsicht zu entwickeln, um seine Feinde zu lieben.

Demut

JOSEPH GOLDSTEIN: Als ich den wunderschönen christlichen Beiträgen heute abend lauschte, fiel mir ein Begriff auf, über den ich mir Gedanken machte, um mir über seine buddhistische Interpretation klarzuwerden. Es war das Wort „Demut". Als ich über die christliche Demut nachdachte, schien sich eine enge Verbindung zu einer Vorstellung im Buddhismus zu zeigen, die oft als ein Gegensatz zur christlichen Sicht der Dinge betrachtet wird. Diese buddhistische Idee ist die Selbstlosigkeit. Doch das christliche Verständnis von Demut scheint mit dem buddhistischen Verständnis von Selbstlosigkeit vereinbar zu sein. Dies vertritt auch ein Engländer namens Wei Wu Wei, der sagte, daß wahre Demut heiße, daß keiner da ist, auf den man stolz ist. So habe ich das Gefühl, daß Demut in ihrem tiefsten Sinne eine Verwirklichung der Selbstlosigkeit ist.

Guo-Chou: Auch ich war froh, etwas über christliche Demut zu hören. In der chinesischen Ch'an- oder Zen-Tradition, besonders nach der Lehre meines Meisters, des Ew. Meisters Sheng-Yen, ist Demut für den Praktizierenden sehr wichtig. Sehr häufig stellen wir fest, daß wir auf dem Weg des Praktizierens auf Hindernisse stoßen. Viele intelligente Menschen nämlich haben den Dharma, die Lehren Buddhas, studiert, praktizieren vielleicht bereits danach, doch sie können mit dem Dharma nicht wirklich verschmelzen. Es gelingt ihnen nicht, sich selbst ganz eins mit dem Dharma zu machen. In dieser Phase brauchen wir die Praxis der Demut. Dabei beruhigen wir unseren Geist durch die Kontemplation der Erde, die sehr eindrucksvoll ist und alle Menschenwesen, alle Lebewesen trägt und unterstützt. Man könnte sagen, auch die Erde ist in gewissem Sinne sehr erdverbunden, und sie ist sehr bescheiden, unter allen Lebewesen. Zugleich aber ist sie sehr unterstützend – sie ist willens, alles ohne jegliche Bedingungen zu stützen.

In dieser Meditation öffnen wir unsere Herzen zu einem gewissen Grade aufgrund dieser Demut. Wir erkennen, was wir in der Vergangenheit falsch gemacht haben, und wir sehen alle Arten von Versäumnissen in unserem Charakter. In der westlichen Sprache hat „Demut" gewöhnlich eine negative Bedeutung. Doch aus unserer Sicht bilden wir tatsächlich eine sehr positive Grundlage für die Praxis, weil wir uns durch Demut selbst wirklich besser verstehen. Aus diesem Selbst-Verstehen heraus können wir demütig sein, bescheiden und erdverbunden; wir können gewissermaßen mit einer neugeborenen Mentalität zu unserem Praktizieren zurückkehren. Mit diesem Empfinden von Demut bestärken wir uns in Wirklichkeit selbst. Aus dem Empfinden von Demut setzen wir unser Üben fort und können wirklich anfangen, das Ich aufzulösen und seine Selbstbezogenheit, um schließlich mit dem Dharma zu verschmelzen und einszuwerden.

Samu Sunim: Der Ew. Gou-Chou sprach von der Wichtigkeit der Demut im Zen. Ich persönlich habe viele Zen-Lehrer gefunden, die stolz und arrogant sind. Als ich in einem koreanischen Zen-Kloster aufwuchs, pflegte uns einer der älteren Mönche, die meine Novizen-Ausbildung leiteten, zu erzählen, woran wir feststellen könnten, wer wirklich ein echter Zen-Meister ist – nämlich daran, ob er den Geist des Novizen hat oder nicht. Alle großen Zen-Meister haben den Geist des Novizen: niemand zu sein, der reine Geist.

Pierre de Béthune: Ich möchte anmerken, daß Demut das menschliche Antlitz der Leerheit ist. Die Leerheit ist sehr groß, aber Demut zeigt an, daß jemand von der Leerheit ergriffen ist. Dann ist er bescheiden und hat eine sehr einfache Lebensweise. In der christlichen Spiritualität ist Demut das gleiche wie Leerheit. Wir sehen dies in der Bibel, wo es im lateinischen Text heißt, daß Christus sich „entäußerte". Der griechische Text stellt fest, daß er sich „leerte". Diese Ausleerung oder Kenosis ist entscheidend für die christliche Demut, für unser „Werden wie kleine Kinder" in dem Reiche Gottes.

Eshin Nishimura: Eine wunderschöne Geschichte von der Demut kam mir gerade in den Sinn. Diese Demut erwächst durch langes, langes Zen-Training aus großer Weisheit und Mitgefühl. Ich kannte einen reizenden Zen-Mönch, der allein in einer Einsiedelei am Fuße eines Berges in der Nähe von Kobe in Japan lebte. Nach Ende des zweiten Weltkriegs gab es aufgrund der Bombardements viele, viele eltern- und obdachlose Kinder, die bettelten und unter freiem Himmel schliefen. Wenn jener Mönch nach Kobe ging, brachte er von dort Kinder mit zurück, wann immer er sie fand. Bald war seine arme Einsiedelei voller Jungen und Mädchen, auch Babys waren darunter. Nach dem Kriege dann lebte einer meiner Studenten, der an meiner Universität studierte, in der Einsiedelei jenes Mönchs. Eines Tages nahm dieser Student in dem kleinen Teich nahe der Einsiedelei Frösche auf. Da kam gerade der Mönch zurück und sah, wie der Junge die Frösche in einen Eimer setzte. Der Mönch fragte: „Was tust du da?" Der Student antwortete: „Diese Frösche sind so laut, daß sie mich beim Lernen stören. Deshalb bringe ich sie auf die andere Seite des Berges." Der Mönch erwiderte: „Verlier nicht aus dem Sinn, daß du hier nur vier Jahre bleiben wirst. Die Frösche bleiben hier ihr ganzes Leben."

Methode und Erfahrung

Der innere Klostergarten wird von einem alten Gärtner-mönch gehegt. Er scheint einen grünen Daumen zu haben: Was auch immer er berührt, schlägt aus zu neuem Leben. Er geht langsam, demütig und still durch den Garten und wendet sich jeder Pflanze zu, je nach ihren Bedürfnissen. Er scheint die Unkräuter schon aufzuspüren, bevor sie aus dem Boden hervorbrechen, und er entfernt sie mit einer sanften und respektvollen Handbewegung. Der Hut spendet seinen Augen Schatten; so kann der Mönch sehen, was er sehen muß. Sein Handwerkszeug mutet an wie natürliche Verlängerungen seiner Hände; mit ihm bearbeitet er die Erde, löst Unkräuter aus dem Boden und stärkt die Blumen. Manchmal geht der Alte zum Brunnen in der Mitte des Gartens, um Wasser für die Pflanzen heraufzuziehen. Das Wasser stammt aus einer unterirdischen Strömung, die tief unter dem Kloster verläuft, wie sie auch unter den Bergen und Tälern der umgebenden Landschaft fließt. Das Wasser, das der alte Mönch zu Tage gezogen hat, kommt aus der gleichen Quelle, aus der die Mönche trinken und aus der auch die Bauern für sich selbst und für ihre Landwirtschaft schöpfen.

Das innere Kloster unseres Herzens muß mit Sorgfalt gehegt werden. Die Unkräuter des Denkens müssen beseitigt, und den Pflanzen der Tugend muß Raum zum Wachsen gegeben werden. Von den Lehrern der spirituellen Gärtnerkunst, von ihren Worten und aus ihrem Vorbild kann ein jeder von uns lernen, diese Aufgabe zu erfüllen. Es gibt viele uralte Traditionen des spirituellen Gärtnerns, jede hat ihre eigenen Methoden und Ziele.

Doch neben den Techniken sind es die notwendigen spirituellen Nährstoffe vom Grunde unseres Wesens sowie das Wasser des Lebens, das jenem Grunde entspringt, die beide für echtes spirituelles Wachstum nötig sind. Eine echte spirituelle Tradition muß den Zugang zu jenem inneren Durchgang ermöglichen, der zum Urgrund unseres Wesens führt. Sie muß auch in der Lage sein, vom Wasser des spirituellen Lebens aus jenem Urgrund zu schöpfen, damit echtes spirituelles Wachstum stattfinden kann. Man kann eine spirituelle Schule nach den Früchten beurteilen, die sie trägt, anhand der Blüten, die sie hervorbringt.

In unserem Dialog sprachen wir über Fragen wie: Welche Arten von Lehrern gibt es im spirituellen Leben, und welche Rolle spielen sie? Was sind die Zeichen spiritueller Reife? Welchen Wert haben die Worte in den Schulen der Spiritualität? Auf welche Weise wirken Worte aus heiligen Texten im Sinne einer spirituellen Transformation? Welche Methoden sind sinnvoll für die Kultivierung der Spiritualität? Welche Erfahrungen und Gewohnheiten des Herzens entwickeln sich im spirituellen Leben? Welche Mittel der Unterscheidung können wir verwenden, um echte spirituelle Erfahrung zu beurteilen? Wo ist im Prozeß des spirituellen Wachstums Raum für Spontanität? Gibt es Erlebnisse von Segnungen oder Gnade oder einer tieferen Quelle der spirituellen Transformation?

Lehrer

PASCALINE COFF: Unsere christlichen Schriften vermitteln uns nicht nur die Worte von Jesus Christus, sondern auch sein Vorbild; beide helfen uns, die rechte Lebensweise zu erkennen. Wenn wir also Meditation über Mitgefühl lehren wollen, lassen wir die Person zuerst darüber meditieren, wie mitfühlend Jesus war. Meditieren Buddhisten jemals über das Leben des Buddha als eines vorbildlichen Beispiels, dem es nachzuleben gilt?

PANDITH VAJIRAGNANA: Wir haben genau die gleiche Methode, besonders für unsere spirituellen Lehrer. Der Lehrer in unserer buddhistischen Tradition sollte immer eine ideale Person sein. Er oder sie sollte immer ein Beispiel geben, nicht nur durch sein Lehren, sondern auch durch sein Verhalten und Sprechen. Ein Lehrer sollte nicht nur Wissen besitzen, sondern er oder sie sollte auch die Disziplin haben, seine oder ihre Aufgabe ordentlich zu erfüllen. Dies ist besonders wichtig, weil es in Sri Lanka, Thailand, Burma, Kambodscha und Laos – in den Ländern des Theravada-Buddhismus – die normale Praxis ist, Menschen bereits in sehr jungem Alter zu ordinieren. Das Durchschnittsalter ist zwischen zwölf und fünfzehn Jahren. In so zartem, jungem Alter braucht der junge Klosterschüler einen Lehrer, der die Rolle des Elternteils übernehmen kann. Der Jugendliche braucht die Liebe einer Mutter und eines Vaters. Deshalb sollte der Lehrer die Gefühle des Jugendlichen kennen, und er sollte imstande sein, für den jugendlichen Schüler die Rolle einer Mutter ebenso gut zu spielen wie die eines Vaters. In dieser Hinsicht nimmt sich der Lehrer immer den Buddha als Vorbild, wie freundlich und liebevoll er zu den Schülern sein sollte.

JULIAN VON DUERBECK: In der *Regel des heiligen Benedikt* wird der Mönch bzw. die Nonne als Sohn bzw. Tochter Christi bezeichnet. Und weil der Abt oder die Äbtissin Christus repräsentiert, wird er als „Vater" oder sie als „Mutter" angesprochen. Ich habe in Thailand bemerkt, daß Ordensleute als Kinder des Buddha bezeichnet werden. Wenn Sie oder wir die Rollen von Mutter oder Vater übernehmen, imitieren wir in Wirklichkeit das Verhalten von

Christus oder Buddha. Anhand dieses Handelns begreifen wir die Tugenden unserer Gründerfiguren.

Eshin Nishimura: Lassen Sie mich die beiden Arten von Lehrer im japanischen Zen-Kloster vorstellen. Der eine ist ein sanfterer Typ, der andere ist ein härterer Typ Lehrer. Obwohl ihre Methoden sich unterscheiden, sind beide Ansätze sehr effektiv.

Hier ist eine Geschichte über den sanfteren Lehrertyp. Als der Meister wegen irgendeiner Besorgung das Kloster verließ, hielt dies ein junger Mönch, der das Kloster gerade betrat, für eine gute Gelegenheit, im Gang hinter der Buddha-Halle ein Schläfchen zu machen. Unglücklicherweise kam der Meister noch einmal zurück, um einige Dinge mitzunehmen, die er erst vergessen hatte. Der Schüler, der keine Möglichkeit hatte fortzulaufen, stellte sich schlafend. Als der Meister an die Stelle kam, wo der Schüler schlief, ging er einfach vorüber und verneigte sich dabei tief. Der Schüler fühlte sich dadurch tief beschämt. Diese sanfte Reaktion des Lehrers erwies sich am Ende als eine große Ermutigung für diesen jungen Mönch.

Nun eine Geschichte über einen härteren Lehrer. Als ein junger Schüler den engen Gang hinter der Buddha-Halle entlang ging, fürchtete er sich, weil der Pfad sehr hoch oben gelegen war. In diesem Augenblick kam der große Meister des Weges. Sie müssen wissen, daß es für einen jungen Schüler eine schreckliche Sache ist, dem Meister privat zu begegnen. Solchermaßen doppelt verängstigt, drückte sich der Schüler an die Wand. Als der Meister an ihm vorüberging, gab er dem Jungen einen Hieb. Der Schüler konnte nicht verstehen, warum er geschlagen wurde; schließlich hatte er dem Meister Platz gemacht, so daß dieser vorbeigehen konnte. Er ging zu dem Raum, in dem der Meister eine Mahlzeit einnahm, und fragte ihn: „Warum hast du mir einen Schlag versetzt?"

Der Meister antwortete: „Warum hast du mich auf der gefährlichen Seite gehen lassen?" Der Schüler war entsetzt, doch er nahm dieses Erlebnis als Denkanstoß und öffnete sein Bewußtsein für die Wichtigkeit der Vorsicht.

Joseph Goldstein: Die Essenz im Kern der Praxis des Erwachens ist Gewahrsein. Der Lehrer spielt eine entscheidende Rolle und hilft den Schülern, sich von Verdunkelungen dieses Gewahrseins zu befreien. Ich möchte zwei ganz kurze Geschichten erzählen – nicht ganz so farbig wie die eben gehörten aus dem Zen –, die auch die Kraft der Einfachheit zeigen, wenn man das einfache Denken erlangt hat. Einmal, als ich mit meinem Lehrer an einem Meditationsseminar teilnahm, hatte ich mir von jedem der Anwesenden, einschließlich von mir selbst, in Gedanken ein Urteil gebildet. In meinem Gespräch mit dem Lehrer berichtete ich, was in meinem Denken vorging, daß da alle diese Urteile vorlagen. Er blickte mich nur an und sagte etwas sehr, sehr Einfaches. Er sagte: „Sei achtsamer." Ich hatte diese Worte schon Zehntausende von Malen gehört, und ich dachte, er habe mich nicht ganz verstanden. Doch als ich nach draußen ging und mit meiner Geh-Meditation begann, dachte ich, daß ich es vielleicht einmal versuchen könnte. So wurde ich tatsächlich achtsamer bei meinem Gehen. Und siehe da, in der Vorsicht, die ich aufwendete, um achtsamer zu sein, war kein Raum mehr, in den meine gedanklichen Urteile emporsteigen konnten! Dadurch lernte ich etwas sehr Nützliches: Selbst in der Praxis kommen wir nur mit ungefährer Achtsamkeit durch den Tag. Das hatte mein Lehrer mir vermittelt. Manchmal offenbart eine sehr einfache Anweisung etwas sehr Wichtiges über das Wesen der Praxis.

Ein anderes Mal praktizierte ich in einem Kloster in Burma, und es war unglaublich laut. In Asien ist es nicht ungewöhnlich, Lautsprecher in den Dörfern zu haben, die

die Straße mit Musik beschallen. Auch innerhalb des Klosters war eine Baustelle, gerade vor meinem Fenster. Ich dachte: „Hierher bin ich gekommen, den ganzen weiten Weg nach Asien, um erleuchtet zu werden, und jetzt machen sie alle solchen Lärm. Warum können sie damit nicht aufhören!" Also ging ich wieder zu meinem Lehrer und berichtete, daß all dieser Lärm mein Üben störte. Und wieder sagte er etwas sehr, sehr Einfaches. Er fragte mich: „Hast du es bemerkt?" Etwas zu bemerken heißt, Aufmerksamkeit auf etwas zu richten. Ich dachte erst, daß er nur versuchte, aus einer unglücklichen Situation das Beste zu machen. Doch als ich praktizierte, erkannte ich, daß er über etwas viel, viel Tieferes gesprochen hatte. Er wies mich auf die Wahrheit hin, daß es aus der Perspektive des Gewahrseins keine Rolle spielt, was im Bewußtsein heraufsteigt. Die Natur des Geistes, diese lichte und klare Natur des Gewahrseins, wird nicht beeinträchtigt durch das, was auch immer gerade heraufsteigt. Es mag der unangenehmste Lärm oder die unangenehmste Situation sein, und diese spiegelgleiche Weisheit des Geistes ist immer präsent. Ich habe das Empfinden, daß es eine sehr wichtige Funktion des Lehrers in der Praxis eines Schülers ist, ihm oder ihr sehen zu helfen, wie wir an Mißverständnissen hängenbleiben – und wie wir uns augenblicklich befreien können.

PANDITH VAJIRAGNANA: Ich bin sehr glücklich über die Worte unseres Freundes Goldstein darüber, daß die Lehrweise des Lehrers von der Mentalität der Schüler abhängig ist. Wir begegnen Schülern, die sehr jung sind und auch manchen reiferen. Der Lehrer sollte so geschickt sein, ihre Mentalität, ihre Fähigkeiten und ihren geistigen Entwicklungsstand einzuschätzen.

JAMES WISEMAN: Eure Heiligkeit, wir alle wissen, daß Sie seit Ihrer Entdeckung als junger Knabe schon viele besondere

Lehrer gehabt haben. Könnten Sie etwas über Ihre Lehrer und Ihre Beziehung zu ihnen sagen?

S.H. DER DALAI LAMA: In meinem Falle habe ich siebzehn Gurus aus verschiedenen buddhistischen Schulen gehabt. Es gab zwei offizielle Tutoren, von denen ich die längste Zeit Unterweisung erhalten habe. Einer von ihnen gab mir die *Bhikshu*-Ordination, als ich etwa sechs oder sieben Jahre alt war. Dann übernahm er die volle Verantwortung für meine Erziehung. Ich erinnere mich, daß er sehr selten lächelte, als ich klein war. Ich fürchtete mich wirklich sehr vor ihm, und bei wenigen Gelegenheiten schimpfte er mich. Das entspricht natürlich der tibetischen Tradition, und manchmal gebraucht der Lehrer sogar eine Peitsche. Für den jungen Dalai Lama gibt es eine besondere Peitsche. Als ich meine Schulung begann, war auch mein nächstälterer Bruder dabei. Also legte unser Lehrer zwei Peitschen bereit, eine für mich und eine für meinen Bruder. Der einzige Unterschied bestand darin, daß meine Peitsche gelb war. Abgesehen von der Farbe, waren die Peitschen aber gleich, und auch der Schmerz, den sie hervorriefen, war der gleiche. Die Farbe machte da keinen Unterschied! Mein Lehrer hatte diese Peitsche immer neben sich liegen; aber zum Glück verwendete er sie nie bei mir. Doch bei einigen seltenen Gelegenheiten drohte er mir, von ihr Gebrauch zu machen. Mein armer älterer Bruder erhielt den Segen der Peitsche bei einigen Gelegenheiten.

Heute weiß ich, daß ich als sehr junger Schüler nicht ordentlich dachte. Die Strenge meines Tutors war also angebracht. Eine Geschichte wird zeigen, warum. Als ich noch klein war, war ein Lama von der Suchdelegation – jedenfalls am Anfang – einer der amtierenden Tutoren. Da er sehr jovial und friedliebend war, wurden wir sehr enge Freunde. Wenn er kam, um mir meine Unterweisung oder Lektion zu vermitteln, konnte ich, anstatt zu lesen oder

Gelerntes aufzusagen, auf ihm reiten und ihn auffordern: „Du solltest singen! Du solltest lesen!" Solch ein Schüler war ich. Ich denke, die Strenge meines Tutors war sehr angemessen. Er hatte auch immer eine fürsorgliche Einstellung, und als ich allmählich aufwuchs, wurde die Haltung jenes Tutors zu mir viel sanfter. Er machte niemals irgendwelche negative Bemerkungen, und er vertraute mir vollkommen – immer lächelnd und heiter. Es ist nun schon mehr als zehn Jahre her, daß er hinübergegangen ist. Doch in meinen Träumen kommt er noch häufig und gibt mir Inspirationen. Er war ein großer Lehrer und ein überragender Gelehrter. Dabei brüstete er sich nie mit seinem Wissen. Er blieb immer sehr bescheiden. Wenn man ihn etwas fragte, sagte er: „Ich weiß nicht; ich weiß nicht." Wenn man beharrte, erklärte er sein Wissen mit Erfahrung. Das war etwas Wunderbares.

Armand Veilleux: Im Christentum haben wir eine eremitische und eine gemeinschaftliche Tradition; wir vereinen beide unter dem Sammelbegriff der monastischen Tradition. Tatsächlich aber handelt es sich um zwei unterschiedliche Traditionen. In der Tradition der Wüste haben wir die Rolles des spirituellen Vaters und der spirituellen Mutter, die der Rolle des Gurus im Osten sehr ähnlich ist. Doch sobald klösterliche Gemeinschaften auftreten, wird ein großer Teil der Rolle des spirituellen Vaters oder der spirituellen Mutter in der Wüste auf die Gemeinschaft übertragen. Der Führer in der Wüste hatte seine eigene Erfahrung vermittelt. Nun verkörpert sich diese Erfahrung in einer Lebensweise, in der Regel der Gemeinschaft, und die Erfahrung wird von Generation zu Generation weitergegeben. Der Abt oder die Äbtissin einer klösterlichen Gemeinschaft trägt die Verantwortung für die Kommunion, für den Zusammenhalt, für die Lebensqualität der Gemeinschaft. Er oder sie mag die geistige Vater- oder Mutterrolle für einige Ordensangehörige spielen, doch diese Funktion können auch andere in der Gemeinschaft erfüllen. Auf diese Weise erhalten wir die beiden Traditionen im monastischen Leben aufrecht. Doch ich muß eines hinzufügen: Wenn wir versucht haben, die Rolle des charismatischen Vaters oder der charismatischen Mutter auf den Abt oder die Äbtissin der Gemeinschaft zu übertragen, war das Scheitern vorprogrammiert.

NORMAN FISCHER: Ich war schon immer davon beeindruckt, daß es in der Mahayana-Tradition heißt, der Zweck der Praxis sei es, reife Wesen hervorzubringen, so daß die Menschen wirklich reife Individuen würden. Ich nehme an, daß es in der christlichen Tradition weitgehend das gleiche ist – wenn wir unter Reife verstehen, wirklich in der Fülle von Gottes Liebe, in Gottes Gnade zu leben –, und daß die meisten von uns nicht so reif sind. Da wir wirklich unreif sind, gefällt mir das Zitat aus dem christlichen Bereich, das ich gerade hörte: daß nämlich jene, die meinen, ihr eigener spiritueller Meister sein zu können, von einem Esel geführt werden. Nur weil wir so zutiefst unreif sind, erfordert die Reise zu wahrer Reife nicht nur Glück, den Heiligen Geist und alles übrige, sondern vermutlich auch einen reifen Meister, mit dem wir arbeiten können.

Doch ein Problem, das ich beobachtet habe, besteht darin, daß die Beziehung zum Lehrer der eigenen Reifung des Schülers manchmal im Wege stehen kann. Man mag viel gutes Geleit bekommen, man mag viel lernen, und viele Transformationen können geschehen. Doch wenn man am Ende nicht wirklich „den Sprung über den Lehrer schafft", dann ist man nicht reif. Und in gewissem Sinne gilt: Je besser der Lehrer ist, desto schwieriger ist es, sich von ihm zu lösen. Dies stellte in unseren buddhistischen Gemeinschaften ein Problem dar. Im Christentum hingegen, da Christus der eigentliche Meister ist, sollte es nach meinem Dafürhalten weniger wahrscheinlich sein, daß jemand seinen spirituellen Lehrer so weit erhöht, daß er tatsächlich zu einem Hindernis für die Reifung des Schülers werden kann. Doch es ist ebenso wichtig, einen reifen spirituellen Lehrer zu haben, andernfalls irren wir in unserer Unreife umher, geführt von unserem eigenen „Esel"-Lehrer!

BLANCHE HARTMANN: Ich denke, der Lehrer ist auch für einen Zen-Praktiker eine große Inspiration, weil er oder sie die Art von Persönlichkeit zeigt, die sich durch die Ausübung des Zazen entwickeln kann. Ein Lehrer sagt seinem Schüler nichts. Die Funktion eines Lehrers ist es, dem Schüler herausfinden zu helfen, was er oder sie in seinem oder ihrem tiefsten Wesen bereits weiß – herauszufinden also, wie grenzenlos wir sind. Es war einmal ein Schüler, der seine Arbeit bei seinem Zen-Meister beendet hatte und ihn verließ, um sich auf eine Pilgerreise zu begeben. Der Zen-Meister fragte: „Wohin gehst du?" Der Schüler antwortete: „Ich weiß es nicht." Der Lehrer erwiderte: „Nicht zu wissen, ist das Nächste." Wir gelangen niemals an den Punkt des Wissens. Doch während wir durch unser Praktizieren immer offener werden, entdecken wir die Grenzenlosigkeit dessen, der wir sind, und unsere Verbundenheit mit allem. Daraus aber resultiert ein überwältigendes Gefühl der Dankbarkeit.

LOBSANG TENZIN: Der Lehrer – im tibetischen Buddhismus der Guru – zeigt uns nicht einfach alles und löst alle unsere Probleme. Vielmehr ist es die Aufgabe eines spirituellen Lehrers – vom tantrisch-buddhistischen Standpunkt aus betrachtet –, uns eine Ahnung von dem wahren Guru zu vermitteln, nämlich von dem voll erleuchteten oder erwachten Zustand des Geistes. Der Begriff „Guru" – im Tibetischen „Lama" – bedeutet „unübertrefflich". Das Ziel eines Praktizierenden lautet, in einem solcherart unübertrefflichen, erwachten Zustand des Geistes anzukommen. Angesichts dieses Zieles ist es sehr hilfreich, jenes unübertreffliche Erlebnis zu erahnen, solange man auf dem Wege ist hin zum voll erwachten Zustand des Geistes. Natürlich könnten wir sagen, daß dieser Zustand bereits da ist, und wir alle können darin übereinstimmen, daß er potentiell da ist. Aus tantrisch-buddhistischer Sicht ist der Guru eine lebende Person, die einem jene erleuchtete Qualität repräsentiert. Wir sehen die lebende Person nicht als gewöhnliche Person, sondern tatsächlich als ein erleuchtetes Wesen, das in dieser Form für uns manifestiert ist. In dieser Hinsicht ist es die Funktion des spirituellen Meisters, das Erlebnis des erleuchteten Geistes hervorzurufen. Aus diesem Grunde sieht man im tantrischen Buddhismus verschiedene Formen des Guru-Yoga, in denen der Guru tatsächlich in unser Herz gebracht wird, uns untrennbar macht, unsere negativen Eigenschaften reinigt und unsere positiven Qualitäten stärkt. Dies ist die Hauptaufgabe des Gurus.

HAVANPOLA RATANASARA: Im Theravada-Buddhismus ist die Beziehung zwischen Lehrer und Schüler ähnlich der Beziehung zwischen Elternteil und Kind. Obwohl die Lehrer ihre Schüler überwachen, haben diese immer Freiheit. Der Schüler ist nicht an doktrinäre Punkte gebunden. Wenn die Interpretation des Lehrers mit den Lehren Buddhas nicht übereinstimmt, dann ist der Schüler nicht verpflichtet, die Ansichten des Lehrers zu übernehmen. Unser System erkennt die Freiheit des Individuums und die Intelligenz des Schülers an. Neben dem Lehrer, der mit den Schülern im gewöhnlichen Rahmen des Tempels arbeitet, spielt der für den Tempel verantwortliche Mönch für die ganze Gemeinde die Rolle des Lehrers. Wenn Menschen streiten, wenn Eheleute zanken, dann kommen sie zu dem

Mönch im Tempel. Auf diese Weise ist unser System sehr praktisch und dient den Bedürfnissen auch der breiteren Gesellschaft außerhalb des Klosters oder Tempels.

Joseph Goldstein: Über viele Jahrhunderte fand die Überlieferung der buddhistischen Lehren in Klöstern statt. Diese Vermittlung wurde von Mönchen und Nonnen hauptsächlich in Klöstern erhalten und praktiziert. In diesem Jahrhundert – und besonders in Burma – ist etwas recht Ungewöhnliches geschehen. Durch die Lehren einiger weniger sehr großer Meister wurden die Meditationspraxis und die Stufen der Reinigung in sehr großem Umfang auch der Laienbevölkerung zugänglich gemacht. Die Vorstellung, daß Laien sich tatsächlich einer Ausbildung unterziehen und die Früchte ihrer Transformation erleben konnten, war so etwas wie eine Revolution in der spirituellen Praxis. In Burma selbst gibt es Hunderte von Klöstern, in denen sich Laien dieser Ausbildung unterziehen. Dies hatte einen gewaltigen Einfluß darauf, daß der Buddhismus in den Westen gebracht wurde, weil im Westen – jedenfalls in der heutigen Zeit – die meisten Praktizierenden Laien sind. Wenn es genügend Basis und Unterstützung gibt, werden einige der großen Klöster vielleicht auch in diesem Lande Wurzeln fassen. Doch ich wollte folgende Tatsache hervorheben: Obschon es zweifellos ein großer Segen ist, das Glück und Verdienst zu haben, ein klösterliches Leben zu führen, braucht man nicht Mönch oder Nonne zu sein, um die Früchte, die sehr weitreichenden und wichtigen Früchte der spirituellen Praxis kennenzulernen.

Kevin Hunt: In der katholischen Tradition sprechen wir von der Kirche als dem „Leib Christi", als Fortdauer der Existenz Jesu von Nazareth innerhalb der Gesellschaft in unserer Welt. Wir sehen auch, daß wir als der Leib Christi auf dem Weg zur vollen Verwirklichung sind – nicht nur als Individuen, sondern auch als Gemeinschaft. Umfaßt die buddhistische *Sangha*-Idee die gleiche Bedeutung einer gemeinschaftlichen Verwirklichung?

S.H. der Dalai Lama: Es heißt, daß Buddhas die Lehrer der Zuflucht sind, und daß der Dharma – die verwirklichte Lehre der Schrift – die tatsächliche Zuflucht ist. Jene Schwestern und Brüder, die den Menschen zu dieser Zuflucht verhelfen, sind der *Sangha*. Es heißt, der *Sangha* sei wie Krankenschwester und Diener, die sich kranker Personen annehmen. Damit ist der *Sangha* eine Gruppe, die gemeinsam in der Erkenntnis/Verwirklichung des Dharma in der Welt zu arbeiten und fortzuschreiten hat. Ohne einen *Sangha*, der die Praktiken, die Disziplin und so weiter verinnerlicht hat, gibt es keine buddhistische Lehre. Buddha sagte, daß wo ein *Sangha* ist – eine spirituelle Gemeinschaft, die diese Praktiken verinnerlicht hat –, da kann er sich sehr entspannt fühlen.

Sprache

Diana Eck: Der hl. Bernhard lebte vor langer Zeit und hatte keine Gelegenheit, Seiner Heiligkeit dem Dalai Lama, dem Ew. Ghosananda und den anderen buddhistischen Lehrern zu begegnen, die hier unter uns sind, als er schrieb: „Wenn das spirituelle Licht der Schönheit mit seiner Fülle alle Tiefen des Herzens erfüllt hat, muß es zwangsläufig nach außen scheinen. Es bricht hervor, und seine Strahlen erscheinen im Körper, der Widerspiegelung der Seele. Diese Schönheit breitet sich aus durch die Glieder und Sinne, bis der ganze Körper seine Leuchtkraft manifestiert." Der hl. Bernhard vermittelt hier die Vorstellung, daß sich die Gaben des Geistes, wie wir sie als Christen nennen, im Leben jener Menschen zeigen, die tief in das Leben des Gebets oder der Meditation eingedrungen sind. Meine Frage lautet nun: Was hätte er gesagt, wenn er einem Buddhisten begegnet wäre, aus dem das beschriebene Licht hervorstrahlt?

Wenn ich die strahlenden Züge von Menschen erblicke, die *keine* Christen sind, mutet es befremdlich an zu sagen, daß ihr Leben erfüllt ist von dem, was ich den Heiligen Geist nenne. Vielleicht ist es angebracht, eine neue Sprache zu entwickeln, die solchen Eindrücken gerecht wird. Unsere Mönche und Theologen von früher, die das christliche Erleben in ihren Schriften zum Ausdruck brachten, hatten keine Begegnungen von der Art, wie wir sie hier erleben. Deshalb brauchen wir vielleicht eine neue Sprache, eine neue theologische Sprache, die aus *dieser* Dialog-Situation geboren wird, damit Christen nicht über die ganze Welt der spirituellen Wirklichkeit sprechen und dabei lediglich christliche Begriffe gebrauchen können, die zur korrekten Darstellung der Erfahrungen anderer religiöser Traditionen jedoch nicht geeignet sind.

GILCHRIST LAVIGNE: Ich denke, in der Spiritualität gibt es gewiß Raum für ein neues, religionsübergreifendes Vokabular. Andererseits habe ich auch das Gefühl, daß wir nur dann wahrhaftig sprechen werden, wenn dies aus unserem eigenen spirituellen Idiom heraus geschieht, von unserem eigenen spirituellen Ort im Universum aus. Als Christin muß ich also als eine Christin sprechen, und S. H. der Dalai Lama muß als ein Buddhist sprechen. Und wenn wir wahrhaftig zum Ausdruck bringen, wer wir wirklich sind, wird die Begegnung zwischen uns irgendwie eine echte sein. Als ich Seine Heiligkeit gestern sah, wurde ihm ein Becher Wasser angeboten, und er gab den Becher an einen anderen weiter. Aus dieser Handlung lernte ich mehr als aus vielen Vorträgen über Mitgefühl. Vielleicht läßt sich eine neue Sprache in unseren Gesten finden.

NORMAN FISCHER: Im Kontext der spirituellen Praxis werden uns jeden Tag bestimmte Begriffe und Termini sehr, sehr vertraut. Durch die Praxis gewinnen sie auch viele Bedeutungsdimensionen. So stehen in der christlichen Spiritualität zum Beispiel mehr als tausend Jahre Geschichte hinter dem Wort „Einfachheit". Im Buddhismus legt jeder Kommentator und jeder Praktizierende eine weitere Bedeutungsschicht auf die Worte des Buddhas. Wenn wir in diese Geschichte eintreten, machen die Vertrautheit und die Multidimensionalität dieser Worte sie fast zu greifbaren Gegenständen. Dazu tragen unsere konkreten und mannigfaltigen Beziehungen bei, die wir zu ihnen aufgebaut haben, und die Echos, die sie in unseren Herzen auslösen. Ich denke, bei einer Begegnung wie der unseren geschieht dies: Wir hören Begriffe aus einer anderen Tradition und bringen sie ein in unsere eigene Tradition. Dabei legen wir eine weitere Bedeutungsschicht zu den bereits vorhandenen gleichen Begriffen. So bedarf es möglicherweise nicht der Erschaffung einer anderen Terminologie, sondern einer Dehnung und Erweiterung der eigenen, so daß sie die Begrifflichkeit der anderen mit aufzunehmen und zu umfassen vermag.

BLANCHE HARTMANN: Ich stimme mit Norman darin überein, daß wir keine neuen Begriffe schöpfen müssen. Der Zauber dieser Art von Begegnung ist, wie ich meine, daß wir – indem wir beginnen, die Worte zu verstehen, die von anderen verwendet werden, und sie in Beziehung zu dem setzen, was sie zu unserer Praxis bedeuten – lernen, dem größere Wertschätzung entgegenzubringen, was der Praxis unserer christlichen Brüder und Schwestern in unserer eigenen spirituellen Praxis ähnlich ist und dem, was sich von ihr unterscheidet. Wir können „Einfachheit" und „Demut" immer tiefer wertschätzen, indem wir diese Art des Austauschs pflegen. Das ist es, was ich an unserem Treffen hier als so ermutigend empfinde.

117

ARMAND VEILLEUX: Unsere Sprache wird gebraucht, um anderen verstehen zu helfen, worüber wir sprechen. Doch hierzu benötigen wir selbst einige Erfahrung mit dem, worüber der andere gerade spricht, um ihn zu verstehen. Wenn wir in dem spirituellen Dialog, zu dem wir hier zusammengekommen sind – und mit welchen Worten auch immer wir es zum Ausdruck bringen werden –, auch nur einigermaßen die gleiche Wirklichkeit leben, dann werden wir durch jene Worte allmählich und beiderseits in Verbindung gebracht mit *der* Wirklichkeit, über die wir sprechen. Daher sind die Worte sehr relativ und am Ende nicht so wichtig. Was wichtig ist und zählt, ist, daß wir ein spirituelles Leben führen und offen sind, wie der andere dies erlebt.

PIERRE DE BÉTHUNE: Ich war getroffen von der Tatsache, daß wir uns in unserem Dialog von einem Punkt großer Nähe aus auf einen anderen zuzubewegen scheinen, an dem offenbar ein Mangel an Verständnis herrscht. Ein Bild kommt mir in den Sinn, das den Vorgang vielleicht zum Ausdruck bringen könnte, durch den wir gerade gehen; es ist einfach das Bild des Atmens. Der Dialog bedeutet zu empfangen, in meine innerste Tiefe aufzunehmen und für mich nutzbar zu machen, was ich empfange. Das ist Einatmen: empfangen und aufnehmen, was mir gegeben wird. Der Dialog ist auch der Exodus, das Hinausgehen aus mir selbst und das Erkennen der Verschiedenheit des anderen. Wie in der Atmung besteht der Dialog aus dem Empfangen und Aufnehmen von etwas, und dann aus dem Hinausgehen und Sich-ausgeschlossen-Fühlen. Zwei Folgerungen möchte ich daran anschließen: Wir sollten nicht versuchen, einen gemeinsamen Nenner zu finden, das heißt irgendeinen Ort, an dem wir uns alle überhaupt nicht fremd fühlen. Das wäre eine Illusion. Der einzige Weg zur Überwindung des Dualitäts-Erlebens ist tiefer und aufrichtiger

Respekt für den anderen *als dem anderen*. Und ich denke, dies Bild kann uns zeigen, was wir zu tun haben: hinauszugehen, einen Schritt nach dem anderen, wie beim Atmen empfangend und gebend.

Heilige Schriften

ARMAND VEILLEUX: Gewisse Worte aus unserer Tradition – besonders solche aus der Heiligen Schrift – haben für unser Leben verwandelnde Kraft. So ist es bedauerlich – wie es heutzutage oft geschieht –, wenn die *lectio divina* als eine Art von Technik präsentiert wird, die vom Rest des Lebens getrennt sei. Du machst deine halbe Stunde *lectio divina*, und dann gehst du zum Alltag und seinen Tätigkeiten über. Ein solches Verhalten ist der frühen klösterlichen Tradition absolut fremd. In der frühen lateinischen Literatur bis ins 11. oder 12. Jahrhundert bedeutete *lectio divina* immer „die göttliche Schrift" und nicht irgend etwas, das wir mit ihr tun. Erst viel später begann man, die *lectio divina* als eine Tätigkeit aufzufassen, als menschliche Aktivität mit der Heiligen Schrift. Die frühen Monastiker und die frühen Christen hatten einen anderen Zugang zur Schrift; sie ließen sich von ihr verwandeln bei dem, was wir „Lesen mit dem Herzen" nennen. Als zum Beispiel der hl. Hieronymus die Schrift übersetzte, praktizierte er die *lectio divina*, er wurde verwandelt von den Texten, die er übersetzte.

Für eine Reihe von Jahrhunderten ging diese Verbundenheit mit der Schrift verloren. Wir haben sie zwar in unserer Zeit wiedergefunden, doch sind wir nun versucht, sie in die Reihe unserer Ordensregeln einzugliedern. Doch dies würde ihre Bedeutung verzerren. Bei diesem „Lesen mit den Ohren des Herzens" haben wir von neuem entdeckt, daß wir es während des ganzen Tages zu pflegen haben, bei allem, was wir tun, und in allem, was wir sind. Wenn wir Kontemplative sind, ist alles, dem wir begegnen, ein Kontakt mit Gott, und auch alles, was wir tun, ist ein Kontakt mit Gott. Wenn wir dies nicht erkennen, während wir arbeiten, während wir mit Menschen sprechen, während wir anderen begegnen usw., dann werden wir es auch nicht erkennen, wenn wir meinen, die *lectio divina* zu praktizieren.

NORMAN FISCHER: In unserem buddhistischen Kloster haben wir eine Sutra-Studienzeit zwischen den Meditationen am frühen Morgen und im späteren Laufe des Vormittags. Wir verbringen sie alle gemeinsam, und in unserem Kloster haben wir keine Elektrizität. Sie ist wirklich ein wunderbares Erlebnis, diese Sutra-Praxis im Schein der Kerosinlampen am frühen Morgen, bevor das Tageslicht kräftig genug ist, daß wir ohne Hilfsmittel lesen können. Es bereitet auch großen Spaß, denn nach all dem Sitzen kehren die Worte wirklich ein. Wie auch in der christlichen Praxis lauscht man mit den Ohren des Herzens, und das ist das große Geheimnis des kontemplativen Lebens. Es ist so befriedigend, nach mehreren Stunden des Meditierens zu sitzen und einfach diese Worte zu lesen. Dabei müssen wir uns nicht unbedingt an etwas davon erinnern oder etwas damit anfangen; sondern wir lassen die Worte einfach in uns herein und betrachten, wie sie sich überall in unserem Körper anfühlen. Es ist einfach wunderbar!

JOSEPH GOLDSTEIN: Ich fühle mich an viele Geschichten erinnert, Geschichten aus der Zeit des Buddha wie auch aus der heutigen Zeit, Geschichten von Menschen, die einer Lehre lauschten – seien es Worte aus einer heiligen Schrift oder aus dem Munde eines Lehrers – und erlebten, wie ihr Geist erwachte. In der buddhistischen Tradition wird dies der Augenblick der Erleuchtung oder des Erwachens genannt. Ich bin neugierig gewesen, was in der christlichen Tradition einer solch *radikalen* Verwandlung im Augenblick entsprechen würde – im Gegensatz zu dem sehr wohltuenden Ruhen im Geiste Gottes.

MARY MARGARET FUNK: Wir haben Bekehrungsgeschichten, zum Beispiel die des hl. Augustinus und des hl. Paulus. Viele Menschen, mit denen ich zusammengewesen bin, erzählen von einer tiefen, radikalen Wende, nach der sie nicht mehr dorthin zurückkehren konnten, wo sie vorher gewesen waren. Ein anderes Zeichen dieser Bekehrung ist es, daß sie außer sich sind, in einem neuen Bewußtseinszustand, der gewöhnlich mit einer radikalen Veränderung der Beziehung zu Gott und zu anderen Menschen einhergeht.

DAVID STEINDL-RAST: Das Bekehrungserlebnis des Augustinus stand in Verbindung mit der *lectio divina*. Er lauschte gerade einem Kind, das jenseits der Mauer bei einem Spiel sang: „Nimm und lies! Nimm und lies!" Er nahm dies als eine an ihn gerichtete Aufforderung und ging zum Tisch, wo eine aufgeschlagene Bibel lag. Er las den Abschnitt, auf den sein Blick fiel, und diese Passage traf wirklich sein Herz und führte zu seinem letzten Schritt der Bekehrung.

KEVIN HUNT: In einem gewissen Sinne ist unsere *lectio divina* eine Form des „Bewußtseinstrainings", wie man es im Buddhismus kennt. Wir praktizieren es nicht auf die gleiche Weise wie die Tibeter oder vielleicht die Theravadins, das heißt über einen analytischen und philosophischen Zugang. *Lectio divina* heißt, daß man den Geist von Christus annimmt. Der einzige praktische Weg ist hierbei, sich hinzusetzen und zu lesen. Ich kann mich erinnern: Als ich noch recht neu im Kloster war, pflegte mein Novizenmeister zu sagen: „Nimm dir nur etwas Zeit." Seinerzeit waren die Katholiken nicht gerade berühmt für Lektüre und Verständnis der Heiligen Schrift, und so war dies für mich eine völlig neue Sache. Ich hatte große Probleme, weil meine Gedanken überall auf der Welt umherwanderten. Und dann sagte er: „Kehre einfach dahin zurück, kehre einfach dahin zurück, kehre einfach dahin zurück." So begann sich allmählich diese Verwandlung des Bewußtseins zu vollziehen.

Das ist echtes Bewußtseinstraining, doch ich glaube nicht, daß wir Christen es jemals so gesehen haben. Der praktische Weg, den ich den Menschen empfehle, ist, eines der Evangelien vorzunehmen und es einfach von Anfang bis Ende zu lesen. Wenn du damit fertig bist, dann fange wieder von vorne an und lies es von neuem, und so lies es wieder und wieder, bis der bestimmte Aspekt des Geistes Christi, dem du in der Schrift begegnest, ein Teil von dir wird. Ich möchte nun die Zen-Tradition fragen: Haben Sie etwas, das dem Bewußtseinstraining durch Lesen ähnlich ist?

Eshin Nishimura: In unserer mittelalterlichen japanischen Tradition haben wir das folgende Gedicht, das Zen-Leute mögen:

Sehen mit Ohren,
Lauschen auch mit Augen,
Da ist überhaupt kein Zweifel.
Ein Wassertropfen fällt vom Dach herab,
Kehrt zu sich selbst zurück.

Ein älteres Gedicht, das die Zen-Leute ebenfalls sehr mögen, fragt, ob du in der dunklen Nacht dem Ton einer nicht-krächzenden Krähe lauschen kannst. Du kannst nicht dem Ton einer nicht-krächzenden Krähe lauschen. Doch wenn du das *kannst*, wirst du deinen Eltern begegnen, bevor du geboren wurdest.

Solche Gedichte lehren uns, uns nicht nur auf unsere Sinnesorgane zu stützen, um die Wirklichkeit wahrzunehmen. Wenn du also deine Sinnesorgane gebrauchst, welche dir von deinen Eltern gegeben sind, kannst du die Wirklichkeit überhaupt nicht sehen. Ich erinnere mich an die Anweisungen eines Zen-Meisters vor langer Zeit: „Spiele die Flöte, die keine Löcher hat! Kannst du das tun?"

JINWOL SUNIM: Ich kann sagen, daß ich spüre, daß es hier eine gemeinsame Grundlage gibt, eine Ähnlichkeit zwischen unserer Meditationspraxis im Zen-Buddhismus und der christlichen Kontemplation. Wie in Ihrer Praxis der *lectio divina* verwenden wir unsere Sutras auf eine Weise, die unser Bewußtsein verwandelt. Ohne diese heiligen Texte könnten wir Buddhas Intention oder Lehre nicht verstehen oder erfahren. Ich pflegte meine buddhistische Gemeinde aufzufordern, die anderen Religionen zu ignorieren, doch hier fühle ich mich sehr wohl, sehr vertraut. Ich denke also, wenn wir alle den Berg erklimmen, werden wir einander vielleicht auf dem Gipfel – auf der Spitze – sehen und zusammenkommen können.

CHUEN PHANGCHAM: Dem, was mein koreanischer Bruder über die verschiedenen Wege gesagt hat, möchte ich etwas hinzufügen. Der Buddha sagte, daß die verschiedenen Flüsse unterschiedliche Farben haben, weil sie durch unterschiedliche Böden und Erden fließen. Der Colorado hat eine andere Farbe als der Ohio. Doch wenn diese Flüsse den Ozean erreichen, werden sie eine Farbe. Die Wege mögen also verschieden sein, doch das Herz ist das gleiche. Wir sind eins.

NORMAN FISCHER: Für mich gehörte zu den wunderbarsten Erlebnissen dieser Woche die Gelegenheit, gemeinsam zu praktizieren. Ich finde dies sogar noch aufbauender und kraftspendender als unser vieles Reden. Und so war ich in der Kirche und sang Psalmen, und dann ging ich zurück in mein Zimmer und las Psalmen. Wenn ich es recht verstanden habe, sind die Psalmen in der Liturgie von zentraler Bedeutung. Aber es gibt einige Dinge in den Psalmen, an denen ich sehr schwer zu schlucken hätte, wenn ich sie jeden Tag anstimmen sollte. Wenn ich da auf Gebete zu Gott stoße, Lästerer zu zermalmen, den Kopf seiner Feinde zu zerschmettern und seine Füße zu baden im Blute der Gottlosen, dann frage ich mich, wie Sie damit praktizieren? Wie gehen Sie damit um?

JULIAN VON DUERBECK: Ich denke eine der Methoden, wie Christen mit negativen Gemütszuständen umgehen, ist die Verwandlung dieser Zustände durch das Gebet. So ging es zum Beispiel bei den Gebeten, die Abt Timothy heute morgen aus dem Meßbuch las, darum, uns vor Menschen der Gewalt zu schützen, aus der Erkenntnis heraus, daß die Gewalt existiert und mit der Bitte an Gott, die Waffen des Hasses zu zerstören. Die Gebetsvorstellungen von einem Gott, der den Feind vernichtet, sind an sich martialische Bilder. Manchmal habe ich das Gefühl, daß dieser Aspekt in den Psalmen etwas außer Kontrolle gerät, weil wir es da mit Reflexionen von Menschen zu tun haben, die von anderen verfolgt werden und wirklich wollen, daß Gott deren Köpfe zerschmettert usw. Doch wenn wir solche Psalmen beten, machen wir von der sogenannten „Tropologie" Gebrauch, das heißt, wir denken nicht an einen individuellen Feind, sondern die Feinde werden Symbole des Bösen, des Unrechts, der Disharmonie. Im Jahre 1989 kam eine Gruppe tibetischer Mönche in unsere Abtei, wo sie den Tanz der Skelettgötter darboten, der eine furchterregende Vernichtung des Bösen darstellt. So, denke ich, kann zumindest das Böse durch Gebet auf diese Weise angesprochen werden.

DHAMMARAKKHITA: Wir buddhistischen Ordensleute und ihr christlichen Brüder und Schwestern haben aus Buddhas Lehre und aus der Lehre Christi gelernt. Buddha lehrte den Dharma durch seine Erfahrungen. Und ich denke, daß Christus auch sein Dharma durch seine Erfahrungen lehrte. Wir können durch unsere heiligen Schriften viel aus den Erfahrungen unserer Stifter lernen. Aber wir können durch bloßes Lesen nicht zum Verständnis gelangen. Wir müssen die Lehre praktizieren. Wir Buddhisten müssen die Meditation praktizieren, und ihr Christen müßt beten.

Die tägliche Praxis

DIANA ECK: Ich habe eine Frage zu der „Gabe" des Gebets. Viele junge Christen fragen, wie man beten sollte. Ich weiß, daß der Autor in *Die Wolke des Nichtwissens* schreibt: Wenn jemand ihn fragte, wie er beginnen solle, betete er, daß Gott selbst diese Person unterweise. Doch ich weiß, wenn ich zu einem buddhistischen Zentrum ginge, würde mich jemand anleiten, mich auf bestimmte Weise zu setzen, meine Hände und Beine in eine bestimmte Haltung zu bringen, auf eine bestimmte Weise zu atmen usw. Hier gibt es eine Methodik zum Üben, die im Falle des christlichen Gebets nicht zu existieren scheint. Jesus lehrte uns keine Methode zum Gebet. Ich denke, es ist einer der vielen Gründe, warum so viele Menschen buddhistische Meditationszentren aufsuchen: Dort wird ihnen ein Weg angeboten, das heißt, etwas, mit dem sie arbeiten können, eine Methodik der spirituellen Praxis.

BASIL PENNINGTON: Ich bestätige gewiß, daß Menschen nach einem Weg des Gebets suchen, und ich denke, daß wir es hier mit einer der Herausforderungen zu tun haben, die uns unsere östlichen Brüder und Schwestern präsentiert haben. Wir sind zu der Erkenntnis gelangt, daß wir unsere spirituellen Praktiken auf nicht gerade sehr praktische Weise gelehrt haben. Diese Erfahrung liegt auch der ganzen Herzensgebet-Bewegung zugrunde. In dieser Bewegung lehren wir sowohl die *lectio divina* als auch die Meditation oder das Herzensgebet. Wir tun dies in sehr spezifischen Schritten, die jedermann erlernen und augenblicklich zu üben beginnen kann – in dem Bewußtsein, daß dies nur ein Mittel ist, den inneren Raum zu öffnen, und daß der Geist das übrige tun wird.

Zur *lectio divina* fordern wir die Leute auf, den sakralen Text zu nehmen, den Heiligen Geist anzurufen und sich einem Bewußtsein für die Präsenz Gottes in diesem Text zu öffnen. Lauschen Sie dann eine festgesetzte Zeitspanne, da allgemein die Tendenz besteht, den Text nur zu überfliegen. Wir alle sind geschult worden, Dinge rasch zu erledigen. Also sagen Sie sich: „In Ordnung, ich werde jetzt fünf (oder zehn oder zwanzig) Minuten einfach sitzen und lauschen." Wenn der Herr in der Lesung wirklich zu Ihnen spricht, dann nehmen Sie es an und lassen Sie es lebendig werden. Nach der gesetzten Zeit danken Sie dem Herrn dafür, daß er anwesend war und durch den Text zu Ihnen gesprochen hat. Wählen Sie schließlich ein Wort oder einen Satz aus, der Sie den Rest des Tages begleiten soll.

Beim Herzensgebet ist es das gleiche. Sie lassen sich zuerst bequem nieder und wenden sich einfach an Gott, der in den Tiefen Ihres Wesens wohnt. Dann nehmen Sie ein kleines, liebevolles Wort und gebrauchen dieses Wort, um still bei Gott zu bleiben. Wann immer sich Ihre Aufmerksamkeit irgend etwas anderem zuwendet, besinnen Sie sich einfach auf jenes kleine Wort, um wieder zurückzukommen. Nach Ablauf der Zeit können Sie mit dem Vaterunser schließen. Es ist ganz einfach, jeder kann damit anfangen. Aber es ist so einfach, daß es viel Freiraum läßt für das Geleit durch den Geist.

LOBSANG TENZIN: Mit dem Segen Seiner Heiligkeit möchte ich gerne die Frage ansprechen, die von unserem ehrwürdigen Bruder bezüglich der Praxis der *lectio divina* aufgeworfen wurde. In der tibetisch-buddhistischen Tradition gibt es drei Schritte in der Praxis, nämlich Hören, Kontemplation und Meditation. Der Zweck ist, die ungezügelten, negativen Zustände des Geistes zu zähmen und die positiven Zustände des Geistes zu kultivieren. Durch diese Übung erfahren wir Frieden und Freude in unseren Leben und tragen Frieden und Freude zum Wohle anderer auch in unsere Gemeinschaften. Um die negativen Zustände des Geistes zu transformieren, ist es zunächst wichtig zu wissen, was der Transformationsprozeß des Geistes bedeutet. Der erste Schritt ist, durch Hören oder Lesen eine gewisse Erfahrung oder Verständnis zu entwickeln. Ich denke, dieses Hören ist so etwas wie die *lectio divina.*

Der nächste Schritt, zu dem das Hören führt, ist die Kontemplation. Wenn wir eine Vorstellung von der Selbstlosigkeit haben – um ein buddhistisches Prinzip als Beispiel herzunehmen –, dann bestimmen wir auf sehr rationale und klare Weise, was diese Selbstlosigkeit tatsächlich ist. Wenn man so den Begriff der Selbstlosigkeit erkennt, ist man auf der Stufe der Kontemplation. Der dritte Schritt ist dann, über den Gegenstand zu meditieren, so daß er zu einer intuitiven Erkenntnis wird, einer echten Erfahrung. Damit diese Erfahrung vertieft wird, ist ein Prozeß des Vertrautmachens nötig, das heißt wiederum, das Praktizieren der Meditation.

JUDITH SIMMER-BROWN: Ich bin Geshe Lobsang dankbar, daß er über diese drei Stufen gesprochen hat. Ich habe lange gebraucht, bis ich verstand, daß die Christen, wenn sie über Meditation sprechen, das meinen, was wir Buddhisten als Kontemplation bezeichnen; wenn die Christen von Kontemplation sprechen, meinen sie wiederum, was die Buddhisten unter Meditation verstehen. Im Buddhismus setzt Kontemplation Dualität voraus, und in der Meditation geht es um Nicht-Dualität. Im Christentum ist es umgekehrt.

Während der tibetische Buddhismus für seine analytische Kontemplation sehr berühmt ist, gibt es in der Kagyüpa-Tradition, in der ich ausgebildet wurde, auch die Kontemplation, die auf die Hingabe hin orientiert ist. Damit haben wir also ein devotionales Element in unserer Spiritualität. Meine Frage ist nun: Haben Sie auch ein nicht-duales Element in Ihrer Tradition? Wie ich es verstehe, beginnt das Herzensgebet, sich auf ein Empfinden der Nicht-Dualität hin zu bewegen. Gibt es am Ende der christlichen Kontemplation jemals ein Empfinden der absoluten Nicht-Dualität?

BASIL PENNINGTON: Die Antwort auf diese Frage käme einem Versuch gleich, das Unaussprechliche in Worte zu fassen. Ich würde hier ganz definitiv sagen, daß es ein Erlebnis der Nicht-Dualität gibt – ich meine, man könnte es als solches bezeichnen. Es gibt ein Ankommen an jenem Punkt, an dem ganz einfach – Gott ist. Hier ist jedes Empfinden des Selbst völlig vergangen. Ich meine, daß hier nur Gott ist. Und ich denke, das ist es, was Nicht-Dualität bedeutet, doch wenn man erst mit Wörtern anfängt, ist es sehr schwierig, daran zu arbeiten. Jesus betete beim letzten Abendmahl, daß wir eins mit ihm sein würden, wie er eins ist mit dem Vater. Die katholische Lehre besagt, daß Vater, Sohn und Heiliger Geist absolut eins sind. So werden wir gerufen und getauft in das Einssein mit Christus, mit Christus in Gott. Aber das übersteigt jeglichen Begriff des Einsseins, den wir mit unserem Verstand handhaben können. Darum ist es wichtiger, Begriffe hinter sich zu lassen – alle Ideen und alle Bilder – und uns dem Erleben dessen zu öffnen, was ist – und Gott ist.

MARY MARGARET FUNK: Abt Gerry brachte die Frage auf, daß eine Person, die im Gebet ringt, bei ihren Gebeten bleiben sollte, anstatt nach irgendeiner Technik der Meditation zu suchen. Ich will unsere buddhistischen Freunde bitten, auf diese Betrachtungsweise der Praxis zu antworten. Die vollständige Aussage, die tatsächlich von Michael Casey stammt, lautet: „Ein Mönch, der mit seinem Gebet unzufrieden ist, soll dieses Gefühl nutzen, um sich selbst zu größerer Treue zur Gnade zu motivieren, anstatt zu versuchen, seinen Schmerz durch Techniken zur Veränderung des Bewußtseins zu lindern."

NORMAN FISCHER: Ich stimme mit dieser Aussage vollkommen überein, weil eine Technik zur Veränderung des Bewußtseins so etwas wie eine Droge wäre, die jemand nähme, um einen Gemütszustand abzustellen, der ihm nicht behagt. Und das ist keine Eigenschaft echter Meditationspraxis, wie ich sie verstehe. Meditationspraxis wäre genau, wie es heißt: sich dem Zustand zuzuwenden, der gerade vorliegt, und diesen als den Weg in unser Leben zu gebrauchen. Ein weitverbreitetes Mißverständnis über die Meditationspraxis ist die Annahme, es handele sich um eine Technik, um das Bewußtsein zu verändern. Natürlich verändert sich das Bewußtsein von Augenblick zu Augenblick. Die Frage ist jedoch: Wenden wir uns an die Tiefe unseres Herzen als unserem Pfad, oder versuchen wir, etwas von außen einzuführen?

Es besteht kein Zweifel daran, daß manche Menschen auf die Meditationspraxis zugehen wie auf eine Droge, zum Beispiel zur Streßminderung. Das erste, was ich zu solchen Personen sagte, ist: „Sie können Ihren Streß nicht reduzieren, indem Sie etwas einführen, um vor ihm davonzulaufen. Der einzige Weg, um Ihren Streß zu vermindern, ist, in ihn hineinzugehen, ehrlich mit ihm zu sein, mit ihm zu arbeiten, in ihn zu atmen und ihn als den Tor-

weg zu nutzen, der sich in Ihr ganzes Leben hinein öffnet."
So gesehen, ist dies eine gesunde Meditationsanweisung.

Joseph Goldstein: Ich möchte etwas zu der Frage bemerken,
ob Meditation als Droge verwendet werden kann. Während ich alles schätze und bejahe, was bereits gesagt
wurde, denke ich doch, daß auch Drogen manchmal hilf-
reich sind. Zum Beispiel gibt es Phasen, in denen Menschen durch Schwierigkeiten gehen, und sie haben tatsächlich nicht die Kraft oder Stabilität, bei ihrer Schwierigkeit
zu verweilen, sie zu durchleuchten und sich ihr zu öffnen,
auch wenn dies das Wünschenswerteste wäre. Um also etwas zu tun, das tatsächlich einige Stabilität vermittelt, damit das Denken eine Zeitlang von den Problemen Abstand
nehmen kann, um etwas Kraft zu schöpfen, mit der man
dann zurückgehen und die Schwierigkeit untersuchen
kann, halte ich dies für eine sehr hilfreiche Möglichkeit.

Joseph Gerry: Nur eine kurze Bemerkung. Ich denke wirklich, der Kern von Caseys Beobachtung und das, was ich zu
vermitteln suchte, ist, wie wichtig es für uns ist, in der Gegenwart zu leben oder in der Wirklichkeit des Gottes, der
in uns wohnt. Wenn Sie es tun, meine ich, werden Sie
Menschen finden, die sich vom Gebet nicht viel verspre-
chen. Aber sie hören nie auf zu fragen: „Wie zuverlässig
bin ich dabei, auf Gott in den täglichen Geschehnissen des
Lebens anzusprechen? Wie freundlich bin ich zu anderen,
wie vergebungsbereit?" Ungeheure Einigkeit und Einfachheit liegen in einem echten Leben, das mit Gott geführt
wird. Wenn Dinge nicht in Harmonie sind, dann beschul-
dige nicht einen anderen, und halte nicht Ausschau nach
einem neuen Weg, alles in den Griff zu bekommen. Vielmehr reflektiere gründlich und ernsthaft über das, was in
deinem Leben geschieht.

LEO LEFEBURE: Ich möchte gerne über das christliche Bild reflektieren, daß der Schüler mit allen Pfunden zu wuchern hat, die der Meister ihm zur Verfügung stellt. Mir fällt auf, daß sich unter den neuen Dingen, die von Christen verwendet werden, auch die Praxis der Meditation aus dem Buddhismus findet. Viele Vermutungen wurden zu diesem Punkt bereits angestellt. Was geschieht, wenn der Dialog nicht einfach dort draußen zwischen Angehörigen verschiedener Traditionen stattfindet, sondern auch im Innern, das heißt, wenn ein Angehöriger der einen Tradition beginnt, eine innere Beziehung mit einer anderen Tradition aufzubauen?

Während der vergangenen zehn Jahre habe ich in gewissem Umfang Einsichts-Meditation und Soto-Zen-Meditation praktiziert. In jüngster Zeit besuchte ich ein Einsichtsmeditations-Seminar mit Joseph Goldstein in der Conception Abbey in Missoury. Ich weiß, daß es für mich als katholischen Priester eine profunde Bereicherung meines Lebens darstellt. Wie Norman bemerkt hat, ist die buddhistische Meditation keine Technik zur Veränderung des Bewußtseins, denn dies leistet sie überhaupt nicht. Andererseits hat sie mir geholfen, mich selbst viel bewußter wahrzunehmen, viele Dinge loszulassen und – vielleicht noch mehr – andere Dinge kommen zu lassen. Aus meiner Sicht kann ich sagen, daß mein eigenes Gebetsleben und die Stundenliturgie Dank meines Übens im Sitzen eine viel größere Kraft angenommen haben. Nicht, daß ich von der Stundenliturgie fortliefe, um irgendeinen fremden Ort aufzusuchen, sondern die beiden sind zusammengewachsen zu etwas, das in meinem Leben sehr hilfreich gewesen ist.

JAMES WISEMAN: Eure Heiligkeit, bitte erzählen Sie uns über Ihre tägliche Praxis.

131

S.H. DER DALAI LAMA: Ich muß gestehen, daß ich ein sehr erbärmlicher Praktizierender bin. Gewöhnlich stehe ich um 3.30 Uhr am Morgen auf. Dann mache ich sofort einige Rezitationen und Chanting. Anschließend meditiere ich bis zum Frühstück, hauptsächlich analytische Meditation. Nach jeder analytischen Meditation mache ich eine zielgerichtete Meditation. Der Gegenstand meiner Meditation ist hauptsächlich abhängiges Entstehen. Aufgrund des abhängigen Entstehens sind die Dinge leer. Dies entspricht der Madhyamika-Philosophie des Nagarjuna und der Interpretation von Chandrakirti, die als Prasangika-Philosophie bezeichnet wird.

Jene Philosophie ist sehr profund, und für mich ist sie etwas wirklich Wunderbares. Sie verschafft mir eine Art von Überzeugung von der Wirklichkeit – von der Leerheit –, und durch diese Überzeugung bekomme ich das Gefühl, das es die Möglichkeit der Beseitigung aller Leidenschaften gibt. Nagarjuna sagt in seinem Werk *Memorialverse über die Mittlere Lehre*, durch das Auslöschen von vergiftetem Karma und Leidenschaften durch Weisheit gelangt man zur Befreiung. Deshalb ist Befreiung der Zustand nach dem Auslöschen der vergifteten Handlungen und Leidenschaften. Doch woraus sind vergiftetes Karma oder vergiftete Handlungen entstanden? Vergiftete Handlungen werden von Leidenschaften erzeugt. Und woraus werden Leidenschaften produziert? Sie entstehen aus unkorrekter mentaler Begrifflichkeit, unpassender mentaler Anwendung. Und woraus wird dies alles schließlich erzeugt? Es kommt aus begrifflichen Ausarbeitungen. Diese begrifflichen Ausarbeitungen sind die Aktivitäten des Geistes, der den Eindruck aufnimmt, Gegenstände existierten aus sich heraus. Diese Ausarbeitungen werden durch Meditieren über Leerheit beendet.

Hierüber zu meditieren, gibt mir also so etwas wie eine feste Überzeugung von der Möglichkeit des Aufhörens.

Dies ist ein Hauptziel des Praktizierens. Ein anderes ist Mitgefühl. Beide sind also meine Gegenstände des Übens. Wenn Sie mich nach Erfahrungen in meiner Praxis fragen, denke ich, sie ist besser als Null. Auf dieser Basis kann ich ihnen versichern, daß das Bewußtsein in stetem Wandel begriffen ist, deshalb gibt es – ganz gleich, wie stark die Leidenschaften sind – immer eine Möglichkeit der Veränderung. Transformation ist immer möglich. Deshalb, sehen Sie, gibt es immer Hoffnung. Ich denke, was sich wirklich lohnt, ist, sich Mühe zu geben.

Außerdem ist in der tibetisch-buddhistischen Tradition auch buddhistisches Tantrayana enthalten. Sie sehen also, daß viel Zeit mit Visualisieren im Gottheits-Yoga verbracht wird. Hierzu gehört auch das Visualisieren des Sterbevorgangs und der Wiedergeburt. Tatsächlich visualisiere ich bei meinem täglichen Beten oder Praktizieren den Tod und die Wiedergeburt je achtmal. Mit Wiedergeburt meine ich nicht unbedingt die Reinkarnation des Dalai Lama, sondern irgendeine Reinkarnation. Diese Praktiken empfinde ich als sehr kraftvoll und als sehr große Hilfe beim Sich-Vertrautmachen mit dem Prozeß des Todes. Wenn dann der Tod einmal tatsächlich kommt, ist man vorbereitet. Ob diese Praktiken der Vorbereitung mir zum Zeitpunkt des Todes wirklich von Nutzen sein werden, weiß ich heute freilich noch nicht. Ich nehme an, daß ich selbst mit all dieser Vorbereitung auf den Tod vielleicht immer noch völlig versage! Das ist auch möglich.

Es gibt eine andere Art der Meditation, die dem Beten gleicht. Ihr Zweck ist es, die verschiedenen Ebenen und Stufen auf dem Weg zusammenzuführen, indem man durch etwas hindurchgeht und auf jedem Schritt reflektiert, was man in seiner Erinnerung gespeichert hat.

Von etwa 3.30 Uhr bis 8.30 Uhr bin ich mit Meditation, Gebet und dergleichen voll beschäftigt. Im Laufe dieser

Zeit mache ich einige Pausen – darunter auch zum Frühstücken, was gewöhnlich um 5.00 Uhr stattfindet – und einige Niederwerfungen. Nach 8.30 Uhr, wenn meine Stimmung gut ist, mache ich einige Körperübungen. Eine sehr wichtige Sache ist es für mich, daß ich die Nachrichten immer von BBC höre. Dann mache ich meine Büroarbeit bis Mittag. Und wenn es ein Feiertag ist, beginne ich auch, wichtige Texte zu lesen. Zur Mittagszeit dann nehme ich mein Mittagessen ein. Danach gehe ich gewöhnlich ins Büro und arbeite noch etwas. Um 18.00 Uhr bekomme ich Abendtee und Abendessen wie ein buddhistischer Mönch. Um etwa 20.30 Uhr schließlich gehe ich schlafen – die mir liebste, friedlichste Meditation!

Erfahrung

Julian von Duerbeck: Meine Frage richte ich an Sr. GilChrist: Als Sie verschiedene Phänomene erwähnten – Visionen, Hellsehen und andere besondere Phänomene –, sagten Sie, daß diese Erfahrungen nicht so wichtig sind wie die Tugenden Demut, Liebe, Mitgefühl usw. Ich wollte Sie fragen, ob Sie einige weitere Beispiele dafür nennen könnten, wie Gewissensbisse und Reue in dieser Hinsicht wirken?

GilChrist Lavigne: Hier sind zwei Beispiele. Eine Person, die irgendwann in ihrem Leben erkannte, daß sie vielleicht alle richtigen Dinge getan hat, doch durchweg aus den falschen Beweggründen, hatte ein eindringliches Erlebnis ihres Egoismus. Daraufhin weinte sie drei Tage lang. Doch es war kein Weinen wegen psychologischer Schuldgefühle, sondern ein Weinen aus dem Gefühl ihrer Kleinheit vor dem Antlitz Gottes, könnte man sagen. Sie erlebte, daß Gott allbarmherzig war und sie so liebte, wie sie war. Danach war ihr ganzes Leben wie verwandelt. Jene Erfahrung führte sie zu einer ganz neuen Beziehung mit Gott und mit anderen Menschen.

Für eine andere Frau, die ich kannte, waren alle heiligen Schriften eins geworden, sie waren wie ineinander verschmolzen. Immer, wenn sie in den heiligen Texten las, begann sie zu weinen. Sie erlebte zutiefst, daß die Texte sie berührten, in ihr Herz drangen und etwas in ihr öffneten, so daß alles zusammenkam. Sie weinte nicht aus Traurigkeit. Doch ihr Herz war durchdrungen und aufgebrochen worden, so daß ihre Herzenskälte verging und sie für die spirituellen Wirklichkeiten wacher und lebendiger wurde.

Dhammarakkhita: Zu den religiösen Erfahrungen möchte ich gerne ein Zitat von Thomas Merton erwähnen: „In der Mitte unseres Wesens ist ein Punkt der Nichtsheit, der unberührt ist von Sünde und von Illusion, ein Punkt reiner Wahrheit, ein Punkt oder Funke, der ganz allein Gott gehört, der uns niemals zur Verfügung steht, sondern von dem aus Gott über unser Leben verfügt; er ist unerreichbar für die Phantasien unseres Geistes oder die Brutalität unserer Welt." Merton sagte, dieser Punkt sei wie ein „reiner Diamant". In buddhistischen Schriften heißt es, unser Geist sei wie ein Diamant. Er ist immer da, doch wir können ihn nicht sehen aufgrund von Hindernissen in unseren Erfahrungen. Wenn wir diese Hindernisse beseitigen können, erscheint der reine Geist wie ein Diamant.

Guo-Chou: Thomas Merton wurde zitiert mit den Worten, das Licht oder die reine Herrlichkeit Gottes sei gleich einem Diamanten, den man in seinem Herzen sieht. Ich frage mich, wie ein Buddhist diese Wahrnehmung wohl unterscheiden kann von dem geläufigen Eindruck eines in der buddhistischen Meditationspraxis häufig verwendeten strahlenden Bildes? Und wie wendet ein Christ den Diamanten oder das Licht, das Sie sehen, im täglichen Leben praktisch an? Das ist doch der springende Punkt. Ein Kind beispielsweise kann deutlich etwas Wundervolles sehen, doch gleich darauf wieder zurückgehen und mit den anderen Kindern streiten.

DHAMMARAKKHITA: Es gibt ein verborgenes Licht in uns allen. Im Buddhismus glauben wir, daß wir den Samen der Weisheit haben, daß wir diese Potentialität in uns tragen. Wir müssen diese Potentialität erkennen. Unsere christlichen Schwestern und Brüder verwirklichen ihn durch Gebet, wir Buddhisten tun dies durch Meditation. In der Vipassana-Meditation fand ich das verborgene Licht in allen Phänomenen. Der ganze Körper wird licht. Das ist nicht wie ein Gedankenbild, wie wir es in der gewöhnlichen Praxis verwenden. Vielmehr wird der Samadhi mit zunehmender Reife sehr hell, hell wie die Sonne. Auf der letzten Stufe sehen wir blendend helles Licht, wie von einen Diamanten. Wenn wir dieses Licht in meiner Meditationsgruppe sehen, lenken wir es auf unseren Scheitel und senden Gedanken liebevoller Freundlichkeit in alle Richtungen. Auf diese Weise beeinflußt das Licht unser tägliches Leben.

BLANCHE HARTMANN: Ich möchte gerne von einigen der christlichen Kontemplativen etwas darüber hören, wie sie Gott erleben. Ich denke, es ist wesentlich, daß Gott als nicht von uns getrennt verstanden wird, daß Gott der Urgrund unseres Seins ist. Jedenfalls stelle ich es mir so vor, doch ich möchte es gerne von den Christen hören. In welcher Beziehung steht Gott zu Ihrem Wesen?

DAVID STEINDL-RAST: Nicht, daß dies nun die definitive Antwort würde, doch es ist eine interessante Antwort auf Ihre Frage in unserem Zusammenhang. Thomas Merton machte eine kurze Äußerung, die ich immer für eine der

tiefsten theologischen Einsichten unseres Jahrhunderts ge-
halten habe. Er sagte einfach: „Gott ist nicht jemand anderes."

James Wiseman: Bruder David zitierte Thomas Merton, der
gesagt hatte: „Gott ist nicht jemand anderes." Unsere spirituellen Autoren beschreiben die höchste Stufe des spirituellen Lebens häufig als einen Zustand der engsten Vereinigung mit Gott. Sie gebrauchen oft Worte und Bilder wie:
„Das Auge, mit dem Gott mich sieht, ist das Auge, mit
dem ich Gott sehe", oder: „Ich bin eins geworden mit dem
sehr göttlichen Licht, mit dem ich sehe und mit dem ich
gesehen werde." Zuweilen sind Christen, die derlei geschrieben haben, in Schwierigkeiten geraten und sogar
massivst kritisiert worden. Ich denke, daß man immer
beide Seiten der Angelegenheit im Blick behalten sollte.
Hier herrscht eine gewisse Spannung, und man findet sie
sogar im Evangelium. Jesus sagte tatsächlich: „Der Vater
und ich sind eins." Aber wir finden im Evangelium auch
seine Worte: „Der Vater ist größer als ich." Beide Aussagen
sind da, und beide sind sie wahr. Sie dürfen nicht voneinander getrennt werden.

Einer der größten spirituellen Autoren in unserer Tradition, der in der Tat sehr deutlich von Identität mit Gott
spricht – eine Identität mit Gott, die er durch Gebet fand –,
sagt ebenfalls: „Wenn ich darüber spreche, eins mit Gott
zu sein, dann meine ich durch die Liebe." Man könnte
leicht darüber hinweglesen, ohne viel damit anzufangen,
doch für mich ist es äußerst wichtig. Es ist mir umso wichtiger geworden, als ich über das Erlebnis der menschlichen
Liebe nachgedacht habe und über das, was einige unserer
besten Psychologen über das Erlebnis der menschlichen
Liebe gesagt haben. Es heißt da, daß es häufig zu einem tiefen Erlebnis der Verschmelzung der Liebenden kommt.
Wenn Sie Liebesbriefe oder Liebesgedichte lesen, stoßen

Sie oft auf Formulierungen, die ein solches Erlebnis wider-
spiegeln. Dies ist auch die Sprache unserer großen Mystiker. Sie bezieht sich auf etwas Reales, etwas sehr Wichtiges, und kann als Anlaß zur Kritik aufgenommen werden.
Eine der schönsten Verteidigungen solcher Sprache fand
ich bei Simone Weil, die um die Mitte dieses Jahrhunderts
sagte, wer solche Ausdrucksformen des Einsseins mit Gott
kritisiere, erkenne einfach nicht, daß die Sprache im Raum
der Liebe nicht die Sprache des Marktplatzes ist.

EWERT COUSINS: Der höchste Bewußtseinszustand – oder der
tiefste, nämlich das Ziel der spirituellen Suche –, den manche Menschen in diesem Leben erfahren, ist die Vereinigung mit Gott oder die unmittelbare Präsenz Gottes. Im
Hinblick auf dieses mystische Erlebnis möchte ich gerne
auf das ansprechen, was mein buddhistischer Bruder vor
einigen Augenblicken über das Licht gesagt hat. Es gibt so
viele Beispiele von der Mystik des Lichtes im Christentum. Doch ich möchte gerne eine der größten, nämlich die
hesychastische Tradition hervorheben. In dieser Tradition
praktizierten die Mönche vom Berg Athos Tiefatem-Übun-
gen und begannen, in der Tiefe ihres Wesens ein Licht
wahrzunehmen. Sie identifizierten dieses unveränderliche
Licht als das Licht vom Berg Tabor – oder das Licht Christi, das bei dem großen Ereignis auf dem Berg Tabor manifestiert wurde –, das durch sie leuchtete. Dies war ein derart intensives Erlebnis, daß Gregor Palamas eine ganz neue
christliche Theologie darauf errichtete, um diese Art von
Erlebnis zum Ausdruck zu bringen. Doch wir wissen auch
von der Erfahrung des genauen Gegenteils, als nicht nur
des göttlichen Lichts, sondern auch der göttlichen Dunkelheit oder der göttlichen Stille oder der göttlichen Leerheit. Dieses Erlebnis der „lichten Finsternis" wurde von
dem großen Pseudo-Dionysius theologisch zum Ausdruck
gebracht.

Kevin Hunt: Ich muß gestehen, daß ich den Eindruck habe, wir sollten zur Erfahrung des Rübenschälens zurückkehren! Ich denke, für die meisten von uns ist sehr viel von dem, was wir als mystische Erfahrungen beschreiben, kein Teil ihres unmittelbaren Lebens. Doch Waschen und Rübenschälen, Fußböden scheuern und Toiletten putzen – solcherlei Dinge sind es durchaus. Und so sind es gerade diese einfachen täglichen Erlebnisse, in denen wir unser wahres Selbst erkennen können. In unseren gewöhnlichen Erlebnissen des täglichen Lebens können wir erkennen, wer Gott ist und wer wir sind. Ich kann mich gut erinnern, wie mein Novizenmeister einst zu mir sagte: „Sei einfach, kleiner Bruder, sei einfach."

Unterscheidung

GilChrist Lavigne: Sr. Donald, in bezug auf die religiöse Erfahrung würde ich gerne ein wenig über die Unterscheidung der Geister hören, weil ich denke, daß dies in unserer Tradition ein sehr wichtiger Punkt ist.

Mary Donald Corcoran: Thomas von Aquin spricht von einer Art genereller Angewohnheit der Unterscheidung, die er *discretio* nannte. Dies ist eine ständige Ausrichtung des Herzens auf Gott, wie die einer empfindliche Kompaßnadel, die immer nach Norden zeigt. Mir scheint, daß die benediktinische Spiritualität diese Neigung und Sensibilisierung des Herzens nährt, und ihre monastische Unterscheidung ist weitgehend von dieser Art. Als im 16. Jahrhundert die Jesuiten aufkamen, war mehr die Unterscheidung als selbstbewußter Vorgang gefragt, um zu einem bestimmten Urteil oder einer nötigen Entscheidung zu gelangen. Ignatius von Loyola verfeinerte eine Reihe von Regeln zur Unterscheidung, die in Wirklichkeit einen großen Teil der Weisheit zusammengefaßt wiedergaben, die im Laufe der Jahrhunderte angesammelt worden war. Im Grunde genommen geht es dabei darum, unsere inneren Aspekte auf einen Gebetszustand einzustimmen, um dem Wink des Heiligen Geistes zu folgen. Ein sehr wichtiger Teil im Vorgang der Unterscheidung ist natürlich, sich an jemanden zu wenden, der objektiv und heilig ist und einem ein Feedback geben wird. Wir alle brauchen jemanden, der unsere Motivationen klarer sehen kann als wir selbst.

JUDITH SIMMER-BROWN: Dies erinnert mich an Material aus der tibetischen Yoga-Literatur über vorübergehende Meditationserfahrungen, die als Erleuchtung fehlgedeutet werden können. Wenn sie auf diese Weise mißverstanden werden, können sie sich zu Hindernissen entwickeln. So gibt es in Tibet eine Literatur, die einem hilft, solche Erlebnisse zu identifizieren und sie als verheißungsvolle Zeichen, aber auch sehr verführerische Hindernisse zu nehmen und mit ihnen zu arbeiten, um dann in der Praxis weiter fortzuschreiten. Die drei herausragendsten Erlebnisse dieser Art sind Glückseligkeit, Klarheit und Nichtdenken.

JOHANNA BECKER: Sr. Donald und Judith, Sie haben geholfen, einen Eindruck zu thematisieren, den ich hatte, als ich den verschiedenen Darlegungen während der vergangenen zwei Tage lauschte. Dabei hatte ich unter anderem den Eindruck – besonders als ich den buddhistischen Präsentationen lauschte –, daß die buddhistische Lehre sehr systematisch ist. Es gibt bestimmte Arten der Meditation und Modalitäten der Praxis und des Verhaltens, die zu einer tieferen Einsicht und einer größeren Reichweite der spirituellen Transformation führen. Und während ich zuhörte, dachte ich, daß es für diese Art des Vorgehens im Christentum wirklich keine Parallele gibt. Tatsächlich verwenden wir Gebet und Meditation, und es gibt eine formelle theologische Ausbildung. Noch wichtiger aber ist die Intuition, die Inspiration, die eine so zentrale Rolle in der christlichen Anschauung spielt. Solches erreicht man nicht, wie mir scheint, durch systematische Praxis – obwohl diese als Hintergrund empfohlen wird, vor dem solches geschehen kann. Aber es ist das Konzept des Heiligen Geistes – der dich wahrlich und innig inspiriert und zu Einsicht und größerer Weisheit leitet, ja selbst zu guter Praxis und gutem Verhalten –, das mir die christliche Spiritualität von der buddhistischen Praxis zu unterscheiden scheint. Ich wüßte es zu schätzen, wenn jemand hierauf antwortete, und ich bin mir darüber im klaren, daß keiner der beiden Zugänge ganz schwarz oder ganz weiß ist.

MARY DONALD CORCORAN: Ich danke Sr. Johanna, daß sie diesen Punkt angesprochen hat. Wenn ich die Entwicklung der christlichen Spiritualität im Laufe der Jahrhunderte betrachte, erkenne ich eine zunehmende Verfeinerung – soweit es die Unterscheidung der Innerlichkeit betrifft –, die heute schon fast „wissenschaftlich" wird. Für mich als Benediktinerin und Nonne ist es ein klein wenig unbehaglich, über die Stufen des Gebets in der klösterlichen Tradition auch nur zu sprechen. Es ist gewiß wahr, daß die sakrale Psychologie des Buddhismus einen ungeheuer reichen Schatz birgt. Ihr unglaubliches Verständnis von den Wegen des menschlichen Geistes ist eine enorme Quelle der Weisheit für die Menschen. Und doch gibt es da etwas beim Heiligen Geist, das sich mit keinem noch so systematischen Verständnis vom menschlichen Bewußtsein fixieren läßt.

JUDITH SIMMER-BROWN: Ich möchte auf fast das gleiche hinaus. Viele Menschen, die – besonders mit Hilfe von Büchern –

versuchen, etwas über den tibetischen Buddhismus zu erfahren, stoßen auf unglaubliche Kompliziertheiten von Doktrinen, Schulen und Lehren. Aber man sollte die Landkarte nicht für das Land halten, die Wegbeschreibung nicht für den Weg. Wenn man Texte oder Doktrinen liest oder die analytische Meditation praktiziert, dann tut man dies, um den Geist zu üben und zu verfeinern und um sein Vertrauen zu vertiefen. Aber die tatsächliche Erfahrung des Praktizierenden ist unglaublich direkt und unglaublich unmittelbar. Ja, es gibt auch Einzelheiten. Ich werde den Rest meines Lebens damit verbringen, mehr und mehr Einzelheiten zu lernen! Aber wenn du denkst, daß es alles so ernst und komplex sei, dann versäumst du die Wirklichkeit. Wenn du die Einzelheiten untersuchst, entdeckst du äußerste Einfachheit. Die Logik ist so klar und so einfach, und in der Wirklichkeit siehst du, daß es zwischen der Logik und der Unmittelbarkeit deiner Praxis keine Trennung gibt. So mag die Qualität der durchdringenden Einsicht im Buddhismus zuweilen nur scholastisch oder analytisch anmuten, doch das sind nur die Freiübungen des spirituellen Weges. Damit verbunden ist der andere Teil, der manchmal als Mitgefühl oder als „Geschicklichkeit in der Methode" bezeichnet wird. In der Vereinigung von Weisheit oder durchdringender Einsicht einerseits und Mitgefühl oder Geschicklichkeit in der Methode andererseits findest du zur wahren Spontaneität.

BASIL PENNINGTON: Ein Maßstab zur Beurteilung unserer spirituellen Reise ist das Wachstum unserer Nähe zu Gott. Damit kommen wir natürlich zurück zu unserem jüdischen Erbe, in dem das Bild einer Liebesbeziehung, das Bild der Ehe als die tiefste und intimste Form des Einsseins präsentiert wird – wenn zwei eins werden. Laut christlicher Lehre werden wir bei der Taufe in Christus getauft; wir werden aufgezogen und zu Teilhabern an der göttlichen

Natur im Leben, wir werden geheiligt. Doch es ist nicht genug, eine göttliche Natur zu besitzen; wir brauchen die Fähigkeiten, um auf jener göttlichen Ebene funktionieren zu können. Und damit sind wir genau bei den Gaben des Heiligen Geistes. Im klassischen Sinne sprechen wir von sieben Gaben des Heiligen Geistes: Weisheit, Verständnis, Wissen, Frömmigkeit, Kraft, Beistand und Furcht des Herrn. Der Heilige Geist wird uns als unser Geist bei der Taufe gegeben, aber die meisten Christen lassen diese Gaben, diese Fähigkeiten gewissermaßen in der Schublade liegen. In der Meditation oder Kontemplation lassen wir unsere menschliche, natürliche Ebene – Verstand, Imagination, Erinnerung usw. – hinter uns und öffnen den Raum für den Geist, auf daß dieser beginnen kann, durch die Gaben zu wirken. Dieses Wirken des Geistes führt uns in das unmittelbare Erleben Gottes in einer intimen Liebesbeziehung.

GILCHRIST LAVIGNE: Ich möchte ein Beispiel von Unterscheidung im gemeinschaftlichen Rahmen mitteilen. Unsere Gemeinschaft praktiziert sehr viel in dieser Hinsicht, nicht nach den Prinzipien des Ignatius, sondern die Unterscheidung der Geister im traditionellen Sinne, wie sie über viele Jahrhunderte hinweg ausgeübt worden ist.

Vor einigen Jahren hatten wir einen Nachbarn, der einen Bauernhof besaß. Wir dachten immer, diese Landwirtschaft eines Tages zu kaufen, da der Besitz gleich neben unserem gelegen war. Doch als die Zeit kam und wir die Angelegenheit genauer prüften, brachten wir in Erfahrung, daß der Farmer seinen Besitz zu einem sehr hohen Preis verkaufen wollte, und daß wir die einzigen waren, die sich das leisten konnten. Keiner der anderen Farmer konnte das Geld aufbringen, und so wirkten wir wie eine Firma, die einfach daherkommen und etwas nehmen konnte, das andere Leute sich nicht leisten konnten. Die Leute fragten uns, warum wir die Farm wollten. Wir wollten unsere Abgeschiedenheit schützen. Und die Leute hielten uns vor, daß unser Kaufwunsch auf Angst beruhte.

Wohlan, dieser Prozeß machte uns wirklich wach! Die Abgeschiedenheit und Stille in unserer Gemeinschaft schätzen wir sehr, weil sie für unser Leben absolut wichtig sind. Aber wir sahen, daß auch einige andere Dinge im Spiel waren, die wir ohne Unterscheidung niemals erkannt hätten. Also kauften wir die Farm nicht. Die Leute, die sie kauften, sind gute Nachbarn, und es gibt keine Probleme mit ihnen. Jene Erfahrung war ein Beispiel von Gottes Wirken in unserem Leben, das unsere Herzen auf einer neuen Ebene öffnet, und dies geschah in der ganzen Gemeinschaft. Es ist also auch wichtig für eine Gemeinschaft, Unterscheidung zu üben. Unser spiritueller Lehrer ist nach wie vor sehr wichtig, und wir nutzen beide Wege. Wenn ich in meinem persönlichen Leben auf ein Muster stoße, das destruktiv ist, hilft es mir, eine Person um Hilfe anzugehen, die dieses Muster ständig sieht.

Gnade

JAMES WISEMAN: Ich denke, Abt Gerry nicht falsch wiederzugeben, wenn ich sage, daß der eine wichtige Punkt seiner Darstellung – der, wie ich glaube, im Hinblick auf das christliche Verständnis der Heiligkeit sehr akkurat ist – die Aussage ist, daß Heiligkeit letztlich nicht unsere, sondern Gottes ist. Sie ist eine Sache der Gnade, ein Zeichen des Wirkens von Gott oder Christus in uns. Ich denke, zumindest in der Terminologie scheint dies mit den letzten Worten Buddhas nicht leicht in Übereinstimmung zu bringen zu sein: „Seid wachsam, erarbeitet euch selbst die Erlösung." Doch ich weiß auch, daß einige Strömungen im Buddhismus etwas haben, das sich dem nähert, was wir

144

Gnade nennen könnten; sie nennen es „die andere-Kraft".
Können Sie mir helfen, diese Angelegenheit im Buddhismus zu verstehen?

Judith Simmer-Brown: Ich möchte auf die Frage von Fr. James eingehen, und ich möchte wirklich eine persönliche Antwort geben. Es gibt eine Menge, was man akademisch über die Begriffe „eigene-Kraft" und „andere-Kraft" im ostasiatischen Buddhismus sagen könnte. Und in der tibetischen Tradition gibt es definitiv einen Aspekt der Praxis, der der christlichen Vorstellung von Gnade nahekommt: Hier hat man das Verständnis, daß beim Beginn des Praktizierens Mühe, Anstrengung und Anwendung verlangt werden. Diese Qualität der Praxis setzt sich immer weiter fort. Wenn man hingegen von seinem Lehrer in die Vajrayana-Praktiken eingeführt wird, wird hier sehr deutlich empfunden, daß die eigene Kraft des Übenden nicht genügen würde, um die Praktiken gründlich und vollständig auszuführen.

So ist nach meiner eigenen Erfahrung ein Teil von dem, was geschieht, ein Vertrauen auf das, was man „Segnungen" nennt. Dies steht in Verbindung mit der sakralen Umgebung, die von jenen erzeugt wird, die schon sehr weit verwirklicht sind sowie von der Folge und Schule von Lehrern, die bereits vorausgegangen und nun im eigenem Lehrer verkörpert sind. Ihre Segnungen schaffen den sakralen Raum für die Praxis und Anstrengung des Übenden. Wenn man sich also anstrengt – und das ist immer notwendig –, dann wird diese Anstrengung durch die Segnungen des Lehrers und der Schule verstärkt. Hier gibt es keinen Dualismus von „eigener-Kraft und anderer-Kraft", sondern eine Art von magischer Verschmelzung der beiden dergestalt, daß man auf das eigene Praktizieren nicht stolz sein kann, obwohl man sich ständig bemühen muß. So gibt es in der Vajrayana-Praxis eine sehr starke Tradition der Ver-

145

bindung von eigener Anstrengung und der Unterstützung, den Segnungen und der Bestärkung der Schule, der Buddhas und der Bodhisattvas, die vorausgegangen sind.

LOBSANG TENZIN: Auf die Frage nach der Gnade hin wollte ich etwas wie ein Erlebnis oder Gefühl mit Ihnen teilen, das ich gestern bei der Gedenkfeier für Thomas Merton hatte. Bei einer Lesung hörte ich sinngemäß, daß der Dharmakaya in jedem Phänomen ist und alles aus dem Dharmakaya kommt. Hier, denke ich, kommen die Dharmakaya-Idee und die Vorstellung von einer höchsten Existenz zusammen und sind vereinbar.

Ich denke, daß der Buddhismus eine sehr große Religion ist. Er hat viele verschiedene Ebenen der Interpretation, viele verschiedene Techniken, viele verschiedene Weisen, die Dinge zu sehen. Wenn wir zur Angelegenheit der Gnade kommen, meine ich, daß der Kern der tibetischen Praxis weitgehend mit dem „Empfangen der Segnungen" übereinstimmt, wie Judith zeigte. In unserer Vajrayana-Praxis sucht ein Übender die Segnungen oder Inspirationen, um das innere Licht anzurufen, die innere Erkenntnis. Die Vorstellung hinter dem Empfangen von Segnungen läßt an ein Strohfeuer denken, das mit Hilfe eines Vergrößerungsglases durch das gebündelte Sonnenlicht entfacht wird. Die Sonne ist immer da, aber sie läßt im Stroh kein Feuer ausbrechen. Wenn man ein Vergrößerungsglas verwendet, um die Hitze zu intensivieren, dann entstehen Flammen. Auf ähnliche Weise manifestiert sich der Dharmakaya in der Gestalt erleuchteter Wesen. Wenn man aus reinem Glauben, Wertschätzung und Respekt aufrichtig danach strebt, ihre Hilfe zu empfangen, könnte das Feuer der Weisheit in einem entfacht werden. Das ist „Segen".

Diese Praxis basiert auch auf dem sehr wichtigen buddhistischen Prinzip des abhängigen Entstehens. Der Buddhismus sagt, daß alles abhängig entstehe, deshalb entsteht auch der Segen in Abhängigkeit von uns selbst und den erleuchteten Wesen. Wir haben die Möglichkeit, Buddha zu sein, und wie wir Buddha werden, wird davon abhängen, wie wir dieses Ziel verfolgen. Wenn wir Segnungen voll Respekt, Glauben und Überzeugung anstreben, entwickeln sich gewiß Erwachen oder Erkenntnisse – und das ist der Segen. Aus unserer Sicht kommen Segnungen nicht unbedingt von einem Gott, sondern von höheren Wesen.

JOSEPH GOLDSTEIN: In bezug auf die Frage, ob Erleuchtung oder Erwachen oder Erlösung aus unseren eigenen Anstrengungen oder von einer anderen Kraft kommt, sagte Krishnamurti etwas, das ich hier als sehr hilfreich empfinde. Er sagte: Es ist die Wahrheit, die uns befreit, nicht unsere Anstrengungen um Befreiung. Also sind es nicht unsere eigenen Bemühungen, die zur Befreiung führen. Unsere Anstrengungen zielen dahin, die Wahrheit zu sehen oder die Wahrheit zu erkennen, und was uns tatsächlich freimacht, ist dann die Wahrheit. Vielleicht sind wir hier gar nicht so weit voneinander entfernt. Aber ich habe noch eine andere Frage. Wenn ich den Worten bei einigen unserer Ansprachen lausche, habe ich oft den Eindruck, daß Sie von Gott als einem Wesen sprechen. Doch mein naives Verständnis sagt mir, daß dies keine wirklich korrekte Auffassung ist. Wenn mir irgend jemand in dieser Hinsicht helfen könnte, wüßte ich dies zu schätzen.

LEO LEFEBURE: Nein, Gott ist keine Wesenheit. In der Sprache des heiligen Thomas ist Gott *esse ipsum,* das Sein selbst, und Sein ist ein Verb. Der unendliche Akt uneingeschränkten Seins ist *kein Ding.* Schleiermacher, der Vater der modernen Theologie, hatte eine berühmte Debatte. Die Leute warfen ihm vor, Pantheist zu sein, weil er nicht an einen personalen Gott glaubte. Er erwiderte, wenn man die besten Väter der christlichen Frühzeit lese, stoße man dort auf ebenso viele unpersönliche wie persönliche Aussagen über Gott. Die frühe Tradition gebrauchte in ihren Aussagen über Gott oft die Sprache des Nichtseins, weil „sein" für das griechische Denken oft „begrenzt sein" bedeutet. Und so begann einer wie Pseudo-Dionysius bewußt, die griechische Sprache zu manipulieren und über *hyperousia* zu sprechen – *hyper* bedeutet „über ... hinaus" und *ousia* bedeutet „Essenz". Das ist eine Bejahung und eine Verneinung zugleich, und dann eine Negation der Negation. Dionysius will damit sagen, daß alle unsere Konzepte und alle unsere Bilder durch diesen doppelten Prozeß gehen, das heißt bejaht und verneint werden müssen. Doch dann können wir nicht einmal an der Negation festhalten, sondern müssen auch diese loslassen. Genau in diesem Augenblick – so des Dionysius' mystische Theologie – können wir uns in einen Gott bewegen, den wir uns nicht vorstellen und den wir begrifflich nicht erfassen können.

PANDITH VAJIRAGNANA: Die Meditation ist die interessanteste religiöse Praktik überall auf der Welt. Buddhisten, Christen, Hindus, ja Angehörige fast jeder Tradition praktizieren die Meditation. Selbst Ärzte verordnen heute Meditation für Menschen, die mentale oder emotionelle Probleme haben, um ihnen dabei zu helfen, einigen Seelenfrieden zu finden. Darüber hinaus zeigen noch viel mehr Personen, die nicht aus dem Gleichgewicht geraten sind, ihr Interesse an der Meditation. Viele Menschen haben das Gefühl, durch die Meditation etwas zu gewinnen, ob es nun christliche oder buddhistische Meditation ist. Wenn man die Meditation wirklich authentisch praktiziert, spürt man einen Nutzen. Von dem Augenblick an, da man anfängt, die Meditation zu praktizieren, gewinnt man etwas. Doch dies ist kein Wettbewerb, es ist nicht wie ein Wettlauf. Es geht um das Gefühl des Glückes und um Gemütsruhe, wenn wir die Meditation praktizieren.

Es gibt viele Meditationslehrer auf der Welt, da das Interesse an der Meditation weiter zunimmt. Man kann verschiedene Meditationslehrer finden, die die gleiche Methode vermitteln, dabei unterscheiden sich ihre Lehren voneinander, weil sie zwar wohl der gleichen Methode folgen, doch selbst unterschiedliche Erfahrungen gemacht haben. Am Ende vermitteln und lehren sie ihren Schülern *ihre* Erfahrung, und solche Erfahrungen sind von einem Individuum zum anderen verschieden. Welche ist unsere eigene Erfahrung, in unserer Meditation oder Praxis? Sie ist nicht etwas, das von außen kommt, wie das Wort „Gnade" andeutet. In unserer Tradition, im Theravada-Buddhismus, haben wir nicht so etwas wie Gnade, wie sie in der christlichen Tradition verstanden wird. Wenn wir Segnungen empfangen, dann kommen jene Segnungen nicht von irgendwo außerhalb. Die Segnungen im Theravada-Buddhismus erwachsen uns aus unseren eigenen Taten – wenn die Taten gut sind und wir von ihnen Nutzen erlangen. Buddha erklärte achtunddreißig Faktoren, die uns Segnungen einbringen können. Wenn man sich zum Beispiel ungeschickter Handlungen enthält, wird es uns zum Segen gereichen. Um diese Segnung zu erhalten, muß man sich also nur ungeschickter Taten enthalten.

Havanpola Ratanasara: Ich verstehe, daß im Christentum alles von Gott abhängt, so hängt auch unsere Heiligkeit von Gott ab. Auf der buddhistischen Seite respektieren wir den Buddha als unseren Religionsstifter, und es ist wahr, daß Buddhisten ihren Segen geben. Es ist eine freundliche und übliche Sache im Theravada-Buddhismus, Segen voll Freundlichkeit und Mitgefühl zum Wohle aller Daseinsformen zu geben. Doch der Buddha erlangte die höchste Errungenschaft, welche wir Buddhaschaft nennen, nachdem er alle zehn Vollendungen erfüllt hatte. Er lehrte, daß es durch die Kraft *dieser* Wahrheit, die Kraft des Dharma, geschieht, daß man gesund und glücklich sein wird. Das ist die buddhistische Form des Segnens. Wie ich nun sehe, haben wir auf der religiösen Reise zwei Wege, um voranzuschreiten. Es ist weder notwendig noch möglich, diese Kluft zu überbrücken. Wir respektieren Sie, und Sie respektieren uns. Wir wollen einander respektieren und uns begegnen sowie gemeinsam für den Frieden und die Harmonie der Menschheit arbeiten.

DIANA ECK: Eines der Dinge, die ich bei meinem Zusammensein mit Buddhisten sehr viel erlebt habe, ist deren Ausdruck der Dankbarkeit. Sie scheint eine sehr starke Erfahrung, ein sehr starkes Gefühl für viele Buddhisten zu sein, die ich kenne. Nun, Dankbarkeit ist ein Gefühl des Beschenktseins, und das meine ich, wenn ich von Gnade spreche. Ich denke, die Erfahrung von Dankbarkeit, von religiöser Dankbarkeit, ist etwas, das wir alle gemeinsam haben.

SAMU SUNIM: Wir haben Beiträge von unseren tibetischen und Theravada-Brüdern und -Schwestern über Gnade – oder Segnungen – gehört. Ich möchte etwas aus dem Zen in Korea hinzufügen. Die drei Haupt-Ingredienzien für die Meditation sind: Stille, der jetzige Augenblick und Haltung. Die Haltung bei der Zen-Meditation ist sehr wichtig. Im Kloster ruft der den Vorsitz führende Mönch „Sitzt still! Schwankt nicht!" und alle die Mönche verstehen, was er meint. Mit anderen Worten, das ist einfach, als wäre man ein betender Berg, der sich in majestätischer Stille erhebt. Natürlich hängen die ziehenden Wolken um die Spitze des Berges, aber sie beeinträchtigen ihn selbst nicht wirklich. Wir lernen einfach zu sitzen. Doch den Anfängern darf man helfen, indem man sie zum Herzen hinablenkt. Es muß eine Herzensangelegenheit werden.

Es gibt fünf Arten der Meditation. Die erste Art ist Meditation als Heilung. In Asien pflegte die Meditation ein

Teil der gesunden Lebensweise zu sein. Teil einer medizinischen Behandlung war sie immer. Zweitens kann Meditation eine moralische Disziplin zur Reinigung sein. Drittens kann die Meditationspraxis eine Art von Kontemplation oder Visualisierung sein. Viertens gibt es die formlose Meditation oder Meditation mit einem erwachten Herzen. Fünftens gibt es Bodhisattva-Meditation. In bezug auf letztere würde ich gerne etwas über „eigene-Kraft und andere-Kraft" sagen.

In der koreanischen Tradition wird ein Satz überliefert, das „Reine Land" sei nichts anderes als dein eigener Geist. Folgende Geschichten illustrieren, was dies bedeutet. Ein koreanischer Zen-Meister, der bei Mondlicht ganz für sich allein in den Bergen übte, erreichte schließlich die Befreiung. Er war so glücklich, daß er die ganze Nacht tanzte. Dann kam er früh am Morgen beim Tempel an, trat durch die Tore und ging auf die Buddha-Halle zu. Angesichts der Buddha-Halle erleichterte er sich. Als er gerade damit beschäftigt war, kamen die Mönche aus dem Speisesaal. Als sie diesen Burschen sahen, der sich angesichts der Buddha-Halle erleichterte, waren sie schockiert und nahmen Besen, um diesen verrückten Mönch zu verjagen. Der aber verlangte: „Sagt ihr mir, wo keine Buddhas sind, damit ich mich dort erleichtern kann."

In der anderen Geschichte sang ein Reines-Land-Mönch mit Unterstützung durch Trommeln und großer Hingabe für den Amida-Buddha. Diese Praxis kommt einer Bitte um Gnade gleich. Da kam ein junger Zen-Mönch vorbei und hörte, wie dieser Mönch ganz allein sang, sich und seine Umgebung völlig vergessend. Der junge Mönch war sehr bewegt und fühlte sich eins mit dem Alten. Ganz plötzlich rief der junge Mönch, und der alte Mönch hörte auf zu singen und wandte sich um. Da fragte der Zen-Mönch: „Ich bin so bewegt von deinem Singen, doch wo ist Amida-Buddha gerade jetzt?" Und der alte Mönch sagte:

„Er ist gerade auf Reisen." – „Wo ist er unterwegs?" fragte der junge Mönch zurück. „Er ist auf dem Weg hierher!" kam die Antwort.

Donald Mitchell: Meine Frage zur Zen-Meditation handelt von folgendem: Es gibt einen Punkt in der christlichen Meditation, wo man vom Etwas-Tun zum Etwas-für-sich-tun-Lassen übergeht, zumindest könnte man es so formulieren. Manchmal sagen wir, es ist der Schritt von der Meditation zur Kontemplation. Bei der Kontemplation fühlt man sich übernommen von oder in Kontakt mit etwas Größerem als man selbst. Diese Veränderung befördert den Prozeß des Gebets auf eine tiefere Ebene, die sehr transformativ ist. Ich frage mich nun: Gibt es in der Zazen-Praxis einen ähnlichen Punkt, an dem man nicht länger aktiv aus dem Willen meditiert, sondern in Kontakt ist mit etwas Größerem, Vewandelndem aus einem tieferen Zentrum oder Ort?

Norman Fischer: Ganz kurz, in Beantwortung der gestellten Frage: Ja. In der Zen-Meditation müssen Sie sitzen und sich anstrengen, und dann – wenn Sie sich wirklich konzentrieren und eins sind mit Ihrem Atmen und Ihrer Haltung – treten Sie in etwas Größeres als Ihr Wollen oder Ihr Ego. Gewiß, ich denke es so, doch was tun wir denn sonst? Einerseits ist es besser, du tust es und strengst dich an in der Praxis. Andererseits gibt es einen Punkt, an dem das Selbst „abfällt". Andernfalls ist da einfach Leiden. Also müssen wir am Ende abfallen.

Blanche Hartmann: Nur eine kurze Antwort auf Don Mitchells Frage. Dogen lehrt, daß Körper und Geist von selbst abfallen werden und dein ursprüngliches Gesicht sich manifestieren wird. Ich denke, das ist jenes Abfallen, von dem Sie gerade sprachen. Doch was ist das ursprüngliche Gesicht? Wir haben unterschiedliche Worte, mit denen wir es zu beschreiben versuchen, doch das liegt nicht im Bereich der Worte, Gedanken oder Beschreibungen.

Joseph Gerry: Meine Tage hier sind sehr lohnend gewesen, und ich habe hier auf viele Weisen eine tiefe Gemeinsamkeit gespürt. Als ich von Gnade sprach, beabsichtigte ich, einen zentralen Aspekt unseres Weges zu Gott zu nennen. Keinesfalls hebt Gnade die Wichtigkeit unseres eigenen Bemühens auf. Meine Erwähung der Gnade sollte andeuten, wie primär die Wirklichkeit Gottes auf unserem ganzen Wege ist. Vielleicht aber ist einer unserer größten Fehler, daß wir bei jedem Versuch, über Gott zu sprechen, in der großen Versuchung stehen, das Mysterium zu zerstören. Ich denke, dies war eines der großen Versäumnisse, um es so zu nennen, der Theologie, besonders nach dem Kartesianismus. Ungeachtet der Tatsache, daß die Kirche versuchte, sich von Descartes' Erkenntnissen nicht einschränken zu lassen, hängten wir uns immer mehr an den Wert, den er auf die „klare und ausgeprägte Idee" legte.

Infolgedessen hat man – selbst zu meiner Zeit – niemals Theologie studiert und ist zum Anbeten auf die Knie gefallen. Vielmehr erlangte man am Ende eine fast totale Kontrolle, sagen wir, der *Idee* Gottes. Die Theologie führte zu einer Welt von Ideen, nicht zu einer *Erfahrung* Gottes. Meine eigene Gotteserfahrung kam, weil ich zufällig Seine Wirklichkeit einatmete.

Lassen Sie mich eine sehr, sehr einfache Geschichte erzählen. Als ich gebeten wurde, Bischof zu sein – es war an einem Dienstagabend –, da brauchte ich von Dienstagabend bis Sonntag, um dem apostolischen Gesandten zu antworten und mitzuteilen, daß ich die Ernennung annehmen werde. Das, was in allem meinem Erleben der „dunklen Nacht der Seele" am nächsten kam, war jener Dienstagabend. Mir war, als würde meinem Leben der Boden unter den Füßen weggezogen, als ich erkannte, daß all die Leute, die ich kannte und liebte und mit denen ich meinen spirituellen Weg beschritt, nicht länger mehr ein naher Teil jenes Weges sein würden, wenn ich diese Ernennung akzeptierte. Ich fragte mich, wo Gott war, und ich fragte mich, wo die Politik und alles andere war. Es war eine ungeheure Erfahrung für mich. Und nur ganz allmählich, während jene Tage vergingen, wurde ich fähig, die Stücke wieder zusammenzufügen.

Es schien mir, daß der primäre Grund, Mönch zu werden, meine Suche nach Gott war. Das war es, worum es überhaupt ging: ich wollte ihn wirklich kennenlernen. In der Tat hatte es mich zum Kloster gezogen, seit ich einmal als College-Student einem Mönch begegnete. Wenn er von Gott sprach, wußte man, daß er jemanden meinte, den er kannte und liebte – und jemandem, der eine wichtige Rolle in seinem Leben spielte. Ich sagte mir: „Wenn es dies ist, was das Kloster ihm gibt, dann möchte ich gerne den gleichen Gott kennenlernen." So begriff ich, daß meine Antwort auf das Angebot des Bischofsamtes eine Antwort sein mußte auf das, was Gott wohl von mir erbat. Meine Zusage mag eine gewisse Leerheit verlangt haben – einen gewissen Verzicht auf Menschen, die ich sehr liebte –, doch am Ende hat sie mir ein großes Maß an Frieden gebracht. Wenn ich nun meine neuen buddhistischen Freunde über Loslassen und Frieden sprechen höre, erkenne ich, daß dies die Dinge sind, mit denen auch ich gekämpft habe, seit ich als junger Mensch ins Klosterleben eintrat. Anstrengung, Loslassen, Freiheit finden, Reinigung – sie alle führen zu tiefem Frieden und hellem Licht, und sie sind Wirklichkeiten auch in meiner Tradition.

Tragödie und Transformation

Hinter der Abtei von Gethsemane ist ein Friedhof, die Gräber der Mönche sind durch kleine weiße Eisenkreuze markiert. Dieser Friedhofsbereich befindet sich auf einem begrasten Hügel gleich neben einer großen und eindrucksvollen Schlucht. Es gibt nichts, das den Friedhof vom Rest des Hanges abgrenzt, nichts, das ihn von der umgebenden Wiese trennt. Man geht durchs Gras, und plötzlich sind da Dutzende kleiner weißer Kreuze. Die kleinen weißen Kreuze erinnern einen an den letzten Moment, den wir alle vor uns haben, die letzte Maßnahme, angesichts derer alles Leben einen kostbaren Wert annimmt. Wenn man vor diesen Kreuzen steht, fallen Rollen und Titel ab, und plötzlich sind wir mit unserer baren und einfachen Menschlichkeit konfrontiert, mit der Zerbrechlichkeit unserer menschlichen Natur, die uns allen gemeinsam ist. In unseren kleinen – und manchmal großen – Kreuzen finden wir ein Gefühl der Solidarität mit allen unseren Schwestern und Brüdern, mit aller Menschheit und aller Schöpfung.

Die innere spirituelle Reise führt zu dem inneren Kloster, wo man einen Grund findet und eine tiefe Wasserquelle; auch diese teilen wir alle als Menschenwesen miteinander, ja auch wir alle als Lebewesen. Auf jenem Grund des Wesens, der das spirituelle Wasser des Lebens birgt, finden wir uns genährt und erquickt durch unendliche Liebe und Mitgefühl, durch ewige Freude und Verbundenheit, in der wir alle Geschwister sind. In dieser Erkenntnis unserer gemeinsamen Menschlichkeit finden wir uns plötzlich außerhalb des inneren Klosters wieder. Wir gehen gemeinsam mit unseren Brüdern und Schwestern, teilen ihre Freuden und Sorgen, teilen Leben und Tod miteinander. So erscheint es natürlich, als Mitpilger zwischen den kleinen weißen Kreuzen zu gehen, mit Gedanken der Sympathie und Sorge um unsere Menschheitsfamilie, die so viele Tragödien trägt. Es scheint ganz natürlich, gemeinsam in unseren Herzen nach Wegen zu suchen, die Erlösung bringen oder einen „heilende Balsam" all denen, die da leiden.

In unserem Dialog sprachen wir Fragen an wie zum Beispiel: Wie praktiziert man mit dem gekreuzigten Christus, wie mit dem Leiden im eigenen Leben und dem in der Welt? Was kann man über das Martyrium der christlichen Mönche in Algerien sagen, über den tragischen Tod buddhistischer Ordensleute in Tibet und des buddhistischen Volkes in Kambodscha? Wo ist der Ort der Vergebung für und Liebe zu Feinden? Wie verstehen Christen die Rolle Jesu Christi im Kampf zur Überwindung der Sünde, des Leides und des Unrechts in uns selbst und in der Welt? Wie suchen Buddhisten Frieden und liebevolle Freundlichkeit in ihren Herzen und drücken diese Werte in sozialem Handeln aus? Wie ist religiöse Toleranz zu erreichen und die Möglichkeit für jedermann, uneingeschränkt am religiösen Leben teilzuhaben? Wie kann die Zusammenarbeit zwischen den Religionen gefördert werden, um gemeinsam an einer vereinteren und friedlicheren Welt zu bauen?

Leiden

NORMAN FISCHER: Ich finde es recht traurig, all die Kreuze mit der Gestalt von Jesus daran zu sehen, während ich mich hier in diesem Kloster aufhalte. Das Kreuz selbst finde ich nicht traurig, aber wenn die Gestalt von Jesus ans

Kreuz geheftet ist, finde ich das recht traurig. Deshalb möchte ich die Frage stellen, und ich stelle sie sehr ernst: Fühlen christliche Teilnehmer es ebenfalls traurig, wenn sie dies sehen? Und wie praktizieren Sie mit diesem Bild? Ich bin wirklich sehr daran interessiert, dies zu erfahren.

JOHN BORELLI: Als ich vor zehn Jahren einen Kurs über Yoga und Meditation unterrichtete, begannen wir jede Unterrichtsstunde mit zehn Minuten Meditation. Eine unserer Übungen war, auf einen Hügel hinauf zu gehen, wo ein großes Kruzifix stand, um uns dann dort zu setzen und über das Kruzifix zu meditieren. Ihre erste Beobachtung, Abt Fischer, ist also durchaus eine Beobachtung, die die meisten Menschen machen. Sie wollen nicht auf das Kruzifix starren, es stimmt sehr traurig. Viele Male denken wir Christen nicht an die Realität des Kruzifixes. Wir denken an alles, was es umgibt, doch wir denken nicht an die harte Wirklichkeit, die das Kruzifix ist. Diese Realität ist tatsächlich so bezwingend, daß sie bei manchen Leuten – wie beim hl. Franziskus von Assisi – die Spuren der Wundmale hervorgebracht hat. Doch die gleiche Erfahrung nimmt uns mit zu der Wirklichkeit, die uns christlich macht, und das ist die Fleischwerdung. Durch diesen sehr schrecklichen Augenblick leuchtet etwas von unauslotbarer Tiefe hervor.

JAMES WISEMAN: Letztes Jahr waren vier von uns in Tibet und Nordindien, und in dem letzten Ort, wo wir haltmachten, einem buddhistischen Nonnenkloster in Tilokpor, gaben wir den buddhistischen Nonnen einige christliche Heiligenbildchen. Manche von ihnen zeigten Jesus als den Guten Hirten, andere zeigten Jesus als kleines Baby usw. Jede Nonne, die eine dieser Karten erhielt, schien sie wirklich zu mögen. Und dann, ohne zu wissen, welches Motiv als nächstes im Bündel zum Vorschein käme, gab ich einer

Nonne ein Bild, das auf sehr realistische Weise den gekreuzigten Jesus abbildete. Sie schrak entsetzt zurück.

In gewissem Sinne sollte dies auch die Reaktion eines Christen sein. Wenn es nicht so ist, denke ich, ist dies auf zwei Gründe zurückzuführen, einen weniger wichtigen und einen profunderen. Der weniger wichtige und vielleicht etwas bedauerliche Grund ist, daß wir uns an das Bild gewöhnt haben. Der profundere Grund jedoch ist wohl, daß die Kreuzigung zumindest in Teilen unserer heiligen Schriften abgebildet und beschrieben wird als praktisch identisch mit der Aufhebung Jesu in ein neues Leben. Im Johannes-Evangelium sagt Jesus: „Und ich, wenn ich erhöht werde von der Erde, so will ich sie alle zu mir ziehen." (Jh 12,32) Vor allem in diesem Evangelium wird das Erhöhtwerden in der Agonie zugleich als ein Erhöhtwerden in ein neues Leben der Auferstehung dargestellt. Da ist eigentlich keine Kluft oder eine Zeitspanne dazwischen. Wenn wir beim Blick auf das Kruzifix zugleich auch die Herrlichkeit sehen, dann dämpft dies die Traurigkeit ein wenig.

DONALD MITCHELL: Der gekreuzigte und verlassene Jesus war etwas, das mich überraschte, als ich vor einigen Jahren ein Christ wurde. Wenn ich heute auf das Kruzifix blicke, erinnere ich mich, daß Jesus am Kreuze alles Leiden aller Menschheit in Vergangenheit, Gegenwart und Zukunft auf sich genommen hat. Aus Liebe zu uns machte er sich eins mit unserer schmerzhaften Menschlichkeit. Dies bedeutet, daß der verlassene Jesus in all meinen Leiden ist, in allen dunklen und schmerzhaften Augenblicken meines Lebens; er teilt das Leid mit mir und bringt seinen Trost. Da er sich mit allen eins gemacht hat, die leiden, sehe ich auch das Antlitz Jesu, wenn ich einen Menschen erblicke, der gerade leidet, der müde ist oder krank. Das Kruzifix erinnert uns an diese Gegenwart Gottes in der Menschheit, die anzunehmen und zu versorgen ist. In diesem Annehmen gelangen wir durch das Leiden in eine tiefere Liebe zu Gott und unseren Nächsten.

Neulich beobachtete ich, wie der Ew. Phancham hier vor dem Kruzifix sprach. Er sprach über die Notwendigkeit, liebevolle Freundlichkeit in unsere leidende Welt zu bringen. Mir schien, daß es genau dies war, was der gekreuzigte Jesus tat. Wenn wir auf ihn blicken, sehen wir nicht einen Gott, der erhaben über allem Leiden steht, sondern einen Gott, der eintritt in alles Leiden und aller Menschheit seine verwandelnde Liebe bringt. Dies ist eine große Quelle der Hoffnung, und es zeigt uns auch, wie wir mitfühlend und zum Wohle der anderen leben können.

Diana Eck: Ich würde gerne als Methodistin, das heißt Protestantin, etwas über das Kruzifix sagen. Viele Christen haben nicht das Kruzifix, das heißt den Gekreuzigten, sondern ein leeres Kreuz im Blickpunkt des Altars, das für den Sieg Christi über den Tod und die Auferstehung steht.

Doch der Christus am Kreuze birgt auch eine – selbst für den Protestanten – sehr eindringliche Botschaft: Das Kruzifix ist eine Erinnerung daran, daß im Kern der christlichen Tradition auch das Leiden steht. Ich möchte auch erwähnen, daß für meinen Teil etwas Beunruhigendes daran ist, weil es in einem großen Teil unserer christlichen Tradition zu einem Symbol unserer Sündhaftigkeit geworden ist. Das tiefe Empfinden der Sündhaftigkeit hat viele, viele destruktive Aspekte auch dadurch, daß es unserer heutigen Kultur angepaßt wurde. Wenn ich Christus am Kreuze sehe, bedeutet es für mich eher, was manche eine „Theologie der Begleitung" nennen: Christus ist derjenige, der uns in dem Leiden begleitet, das wir kennen, bei jedem Schritt auf unserem Wege. Er ist nicht jemand, der uns herauszieht oder der uns das Leiden abnehmen kann. Aber Christus ist ein Gott, der tief erfährt und mit uns den Weg geht, den wir Menschenwesen alle kennen, und der eben auch der Weg des Leidens ist.

ESHIN NISHIMURA: Mein Meister pflegt zu fragen: Wenn du in die schreckliche Situation gerätst, aus der du nicht entkommst – wie entkommst du da? Das wäre das fundamentale *Koan*. Es ist wie mit dem Frosch, der in einen tiefen Brunnen fällt. Er hat keine Möglichkeit, aus dem tiefen Brunnen zu gelangen. Doch vielleicht könnte er auf dem Grunde des Brunnens meditieren. Ich denke, Jesus Christus am Kreuze – das Kruzifix – zeigt uns die Tatsache dieser schrecklichen Situation.

LHUNDUP SOPA: Im Zusammenhang dieser Angelegenheit würde ich gerne etwas sagen. Buddha lehrte zuerst die Wahrheit des Leidens. Ohne die Erkenntnis des Leidens will keiner ein religiöses oder spirituelles Ziel verfolgen. Das Kruzifix zeigt die Wahrheit des Leidens und führt zu der Wahrheit des Freiseins vom Leiden: Jesus steht von dem Leiden auf. Auf dem buddhistischen Weg steht zuerst die Wahrheit des Leidens. Die Wurzel oder Ursache des Leidens ist sekundär. Das Dritte ist die totale Befreiung vom Leiden, Nirvana genannt. Der Weg schließlich, der dorthin führt, ist das vierte.

HAVANPOLA RATANASARA: Soviel Betonung wird auf das Leiden gelegt. Ich denke, wir sollten bezüglich des buddhistischen Verständnisses des Leidens keinen Fehler machen. Im Buddhismus suchen wir ein realistisches Verständnis des Leidens, wir streben nicht an, Ursachen des Leidens zu erschaffen. Im Buddhismus wird das Leiden, das wir verstehen und mit dem wir umgehen, *dukkha* genannt. Dieser Begriff bedeutet mehr als nur Leiden. Eine bessere Übersetzung ist „Unzufriedenheit". Menschen sind nicht zufrieden mit dem, was sie haben; sie schreien nach mehr. Das ist der allgemeine Trend in unserer menschlichen Gesellschaft. Kein anderer kann dieses Problem für uns überwinden. Das müssen wir für uns selbst tun. Frei zu sein von diesem Zustand, ist Befreiung oder Nirvana. Es wird durch Kultivieren des Geistes erlangt. Durch Meditation macht man den Geist von Verunreinigungen wie Eifersucht, Bosheit, Habgier, Haß, Täuschung und dergleichen frei. Entlastet von diesen negativen Faktoren, kann man den vierfachen edlen Weg des Lebens erlangen: liebevolle Freundlichkeit, Mitgefühl, Mitfreude und Gleichmut oder Frieden.

JOSEPH GOLDSTEIN: Im Laufe der Diskussion sind mir einige Gedanken durch den Sinn gegangen. Einer davon ist einfach die Entdeckung einiger Parallelen zwischen unseren beiden Traditionen. Wie bereits erwähnt wurde, ist die erste edle Wahrheit der buddhistischen Lehre die Wahrheit des Leidens. Und so scheint es, als ob dies wirklich gemeinsamer Grund ist. Um zu erwachen und um uns selbst zu befreien, müssen wir zu einer direkten Wahrnehmung jener Erfahrung gelangen. Für mich ist interessant, daß es – zumindest innerhalb der Theravada-Tradition – heißt, der Grund, warum Erleuchtung oder Erwachen in Stufen kommt, sei, weil wir nicht fähig sind, uns ganz auf einmal der Fülle des existierenden Leidens zu öffnen. Um tatsächlich ganz wach zu werden, müßten wir imstande sein, uns dem Leiden in seiner Gesamtheit zu öffnen. Und das ist eine sehr große Aufgabe. Es bedarf der allmählichen Praxis des Öffnens. Unsere Fähigkeit, uns dem Leiden zu öffnen, steht in enger Verbindung mit unserem Empfinden von Mitgefühl, und so gehen die beiden weitgehend Hand in Hand.

Doch dies bringt mich auf etwas, das, wie ich fühle, sehr wichtig ist, während wir die buddhistische Lehre in den Westen bringen; es könnte auch in der christlichen Lehre seine Parallelen haben. Ich beziehe mich hier auf die Frage, wie wir uns in unserer westlichen Kultur zu dem Leid stellen, dem wir uns öffnen. Meine Erfahrung – sowohl aus eigenem Erleben als auch aus der Arbeit mit vielen Studenten – zeigt, daß es in dieser Hinsicht ein ungeheures Maß von Selbstverurteilung gibt. Wenn wir anfangen, uns unserem eigenen Leiden zu öffnen, geschieht dies oft nicht aus einem Mitgefühl heraus, sondern aus einer Perspektive der Selbstverurteilung. Wenn wir die buddhistischen Lehren in den Westen bringen, müssen wir sehr wohl auch die Frage ansprechen, wie Menschen in ihrer spirituellen Praxis das Leiden auszuhalten vermögen, das dabei entsteht.

Sharon Salzberg: Wie Joseph, so erging es auch mir; viele Gedanken gingen mir heute morgen durch den Kopf. Es scheint offensichtlich, daß Buddha sowohl Leiden als auch das Ende des Leidens lehrte. Er lehrte Unzufriedenheit und das Ende der Unzufriedenheit. Und eine Sache, der wir häufig begegnen, wenn wir im Westen unterrichten, ist eine leicht romantische Vorstellung über das Leiden und seine heilbringenden Möglichkeiten. Es scheint klar, daß wir alle leiden und nicht jedermann durch das Leiden allein befreit wird. Befreit werden wir durch unser Öffnen für das Leiden; dies ist ein Prozeß der Liebe, des Mitgefühls und der Weisheit. Indem wir uns öffnen, geben wir unserem Leiden einen Rahmen. Das Öffnen selbst ist unermeßlich. Angesichts der Unermeßlichkeit des Leidens muß das Öffnen ebenso unermeßlich und außerordentlich sein. Ich bin sehr neugierig darauf, zu erfahren, woraus in der christlichen Tradition dieses Öffnen besteht und was es aufrechterhält?

Basil Pennington: Vor einem Jahr, letzten Januar, hatte ich das Privileg, bei der Einäscherung von Father Sebastian zugegen zu sein, einem unserer chinesischen Mönche in China. Sebastian hatte im Jahre 1947 an einem Todesmarsch teilgenommen, bei dem 31 seiner Brüder getötet wurden; er selbst wurde ins Gefängnis geworfen. Im Jahre 1979 wurde er aus dem Gefängnis entlassen, weil eine Wache Sebastian mißhandelte und den Rücken brach; er war für sie nicht mehr zu gebrauchen. Seine Schwägerin nahm ihn auf, und er lag seit 1979 bewegungsunfähig auf seinem Bett, bis er starb. All dieses Leiden hatte für ihn einen Sinn, weil er mit Christus litt. Er liebte Christus und empfand es als Privileg, mit Christus leiden zu dürfen. Er brachte den Mut auf, sein Leiden Tag für Tag von neuem anzunehmen, weil er mit Christus litt, den er liebte. In jenen Jahren, die er darniederlag, kamen Menschen mit Leiden aller Arten zu ihm; er hörte ihnen zu und sprach allen Trost und Mut zu. Er war ein Mann von grenzenlosem Mitgefühl. Seine offene, mitfühlende Annahme des Leidens geschah in und aus Christus, dessen Liebe grenzenlos ist.

Als Sebastian gestorben war, wurde er im Rahmen eines sogenannten Untergrundbegräbnisses eingeäschert; siebentausend Trauernde marschierten als Zeugen für das Wirken dieses wunderbaren Mannes voller Mitgefühl und Liebe durch drei Dörfer. Als ich über sein Leben nachdachte, erkannte ich, daß dies der Weg war, wie ich selbst mit dem Leiden in meinem Leben umging, wenn auch nie in solchem Ausmaß. Leiden ist für mich sinnvoll, weil ich mit Christus und in Christus leide. In allem bin ich mit dem Geliebten, und er ist mit mir. Gott zeigte mir seine Liebe im Leiden Christi, und ich bin in der Lage, darauf anzusprechen und in meinem eigenen kleinen Leiden mit ihm in jener Liebe zu sein.

Opfer

JUDITH SIMMER-BROWN: Als ich von Ihren algerischen Märtyrern erfuhr, kam mir eine Frage über gewisse Themen im Christentum – Martyrium, Opfer, Tragödie und Transformation –, die sehr schwer zu verstehen sind. Ich nehme an, meine Frage bezieht sich auf etwas, das Don Mitchell anfangs sagte, als er erwähnte, das Antlitz Christi in anderen zu sehen. Ich kann die persönliche Verwandlung verstehen, die der algerische Mönch durchlebte, als er sich fürs Bleiben entschied, doch meine Frage ist, auf welche Weise jenes Ausharren Mitgefühl für die Angreifer zum Ausdruck brachte, die aus buddhistischer Sicht auf Lebenszeiten hinaus das Karma ernten werden dafür, daß sie die Mönche ermordeten? Ich nehme an, meine Frage ist, ob der Aggressor wirklich etwas von dem Martyrium oder dem Opfer hat. Und ich finde es aus buddhistischer Sicht sehr beunruhigend und störend, weil es da kein Mitgefühl zu geben scheint. Dies scheint sich auch auf die Eucharistie und die christliche Vorstellung vom Leib und Blut Christi zu beziehen. Es betrifft offensichtlich das zentrale Mysterium des Christentums. Ich wünsche hierauf keine theologische Antwort, doch ich möchte wirklich gern wissen, wie Sie das erleben. Wie finden persönliche Transformation und das Mitgefühl für andere in diesem Akt zusammen?

ARMAND VEILLEUX: Dies ist eine schwierige und schöne Frage. In der frühchristlichen Literatur liest man oft, daß die frühen Märtyrer ihren Opfertod ersehnten. In diesem jüngsten Fall in Algerien findet man nichts von solchem Begehren. Genau gesagt, betonten diese Mönche immer, daß sie den Märtyrertod nicht wollten, und wann immer es eine neue Gefahr gab – wenn weitere Missionare getötet wurden –, überdachten sie die Situation von neuem. Jedesmal hatten sie gute Gründe, sich in Sicherheit zu glauben. Doch sie wußten, daß sie in einiger Gefahr waren, und sie sehnten sich nicht danach, getötet zu werden. Sie wollten leben, und sie liebten das Leben. Für sie ist der Märtyrertod im christlichen Sinne eine Art Zeugnis. Jemand muß

164

ein Zeuge sein für die Art und Weise, wie er lebt, und wenn als Konsequenz der Treue zum christlichen Leben der Märtyrertod kommt, dann wird er akzeptiert – aber er wird nicht herbeigesehnt.

Christus erlöste uns durch sein Leben, nicht durch seinen Tod. Sein Tod aber ist ein Teil seines Lebens. Weil er treu war und Zeuge für seinen Vater bis zum Ende, mußte er den Tod als Konsequenz seines Zeugnisses akzeptieren. Doch er akzeptierte ihn nicht freudig. Für den jungen Mann, der mit erst 33 Jahren dem Tode gegenüberstand, war die Agonie eine ungeheure Schwierigkeit. Wenn Sie das Neue Testament sehr genau analysieren, sehen Sie, daß Jesus den Opferungspraktiken ein Ende bereitet. Die Eucharistie ist nicht ein Opfer wie aus dem Alten Bund, als man noch Lämmer opferte. Dies macht absolut keinen Sinn. Christus wurde nicht als Opfer getötet, sondern er wurde ermordet. Weil er es akzeptierte, ermordet zu werden, ist es sein *Leben* – einschließlich dieser Konsequenz –, durch das er alle weiteren Opfer überflüssig gemacht hat. Auch in unserem Leben gefallen wir Gott nicht, indem wir Opfer darbringen; wir gefallen Gott, indem wir nach seiner Botschaft *leben*, wie Jesus es tat. Und dieses, *unser Leben*, ist das einzige „Opfer", das Gott will. Wenn wir also die Eucharistie feiern, feiern wir die Tatsache, daß Christus – der als Menschenwesen inkarnierte Gott – sich selbst als „Speise" gegeben hat. Wir töten ihn dabei nicht; wir feiern sein Leben und das Geschenk des Lebens, das er uns als Speise – als Nahrung – gibt für unser Leben.

DAVID STEINDL-RAST: Ich möchte aus meiner eigenen Erfahrung darüber sprechen, was es für mich bedeutet, das Blut Christi zu empfangen. Ich sage mir immer, daß es das Lebensblut des auferstandenen Christus ist. So trinke ich etwas, das durch alle Menschheit pulsiert – nicht nur durch alle Christen, nicht nur durch alle Menschen, sondern sogar durch die Tiere und Pflanzen – das Lebensblut des kosmischen Christus.

Mary Margaret Funk: Aus dem persönlichen Gespräch mit Fr. Christian aus Algerien hatte ich den Eindruck, daß sein Verweilen dort sowohl aus Treue zu seiner Verpflichtung als Mönch in der Gemeinschaft geschah, als auch ein Ausdruck seines tiefen Vertrauens in das Gute im anderen war. Er glaubte an das Gute in den anderen, vielleicht mehr als diese selbst. Ich denke, aus der Sicht eines Buddhisten könnte diese Information hilfreich sein: Er wußte, sie waren gut, und so blieb er, um diese Aussage mit seinem Leben zu bezeugen.

James Wiseman: Natürlich dachten jene Mönche nicht über die buddhistische Karma-Vorstellung nach. Aber wenn man es aus dieser Perspektive betrachtet, könnte man wohl etwas dazu sagen. Hätten sie Algerien aufgrund der Annahme verlassen, daß sie dabei jenen Personen, die sie ermorden würden, jegliches Karma ersparen könnten, das aus ihrem gewaltsamen Tod resultierte, hätten jene Personen offensichtlich nicht einfach aufgehört, Menschen zu töten. Die Art und Weise, wie jene Mönche starben, und zudem das Testament von Fr. Christian, das von seinen Mördern gewiß gelesen worden war, hätte durchaus deren Herzen berührt und sie zu einer Verminderung ihrer Gewalt geführt haben können. Selbst wenn das im Falle gerade jener Mörder nicht geschah, würde ich denken, daß das Zeugnis, das sie gaben, und die Schönheit jenes Testaments nur im Sinne einer Zunahme des Friedens in den Herzen anderer Menschen gewirkt haben können, die sich andernfalls vielleicht dem Terrorismus zugewandt hätten. In diesem Sinne, denke ich, war ihr Verbleiben dort ein sehr positiver Schritt – selbst aus buddhistischer Perspektive.

BERNARDO OLIVERA: Ich denke, in der Frage, die Judith stellte, gab es einen Punkt, der nicht beantwortet wurde. Das heißt nicht, daß ich Ihre Frage beantworten werde, doch ich will es versuchen. Zuerst aber möchte ich etwas anderes sagen. Das letzte Mal, daß ich weinte, war vor 25, 30 Jahren; ich fürchtete, daß Armand weinen würde, als er Fr. Christians Testament las. Und ich sagte mir: „Nun, ich hoffe, es wird ihm gelingen, sich zu beherrschen." Ich weiß nicht, ob es mir gelingen wird, mich zu beherrschen, weil beide dem Erleben unserer Brüder sehr nahe waren. Das jedenfals möchte ich gesagt haben.

Als ich die Nachricht von der Tötung der sieben Mönche im Atlas erhielt, war der allererste Gedanke, der sich in meinem Herzen regte, dieser: Ich vergebe, ja ich schenke den Attentätern all meine Vergebung. Und ich war absolut sicher, daß dies die Intention von Christian, Christopher, Luke und allen Brüdern war. Als ich den vollständigen Text des Testaments von Christian erhielt, las ich, daß er ausdrücklich geschrieben hatte, daß er dem Mann vergebe, der im Begriff war, ihm das Leben zu nehmen. Das ist der Punkt. Ich denke nicht, daß der Killer zur Hölle fahren wird, bestimmt nicht. Mein Gott und Fr. Christians Gott, *der* christliche Gott nimmt sehr ernst, was wir sagen oder was wir von ihm erbitten. Und Fr. Christian bat, und ich bat um Vergebung für den Mörder. So bin ich absolut sicher, daß nicht nur er das Licht sehen und verstehen wird, was er getan hat; ich bin fast sicher, daß ich ihm zur Rechten des Herrn begegnen werde. Ich denke, das ist die einzige Art, wie ich Ihre Frage beantworten kann: Vergebung, es gibt keine andere Antwort.

CHUEN PHANGCHAM: Ich bin sehr froh, von unserem Bruder über die Vergebung für den Mörder zu hören. Vergebung ist das ganze Thema, das wir im Sinne behalten müssen. Es fällt den Menschen sehr schwer, etwas zu vergeben. Also töten sie andere Menschen, das haben wir alle erlebt. Doch denken wir an Mitgefühl und liebevolle Freundlichkeit; denken wir an die Liebe, die Jesus den Menschen lehrte und zeigte. Auch der Buddha gab den Menschen diese Gedanken. König Ashoka, der große König von Indien, der einige hundert Jahre nach dem Buddha lebte, war jemand, der viele Menschen tötete. Doch nachdem er Buddhas Dharma gehört hatte, legte er alle Waffen nieder und wurde ein „König des Dharma". Er verbreitete den Dharma über den ganzen indischen Kontinent.

Das ist liebevolle Freundlichkeit in Aktion. Im Dunkel der Gesellschaft von heute bringen wir auch liebevolle Freundlichkeit und Mitgefühl aus unseren Herzen einem jeden entgegen. Die Vergangenheit ist vorüber, und was auch immer geschehen ist, ist vorbei, also versuchen wir, unseren Geist von Dingen zu befreien, die heute unser Mitgefühl begrenzen. Was auch immer geschah, ist in Ordnung, wir vergeben und wir verstehen. Der Buddha sagte: Die Vergangenheit ist vorüber und die Zukunft noch nicht gekommen, deshalb tue am heutigen Tag dein Bestes. Wie können wir die Wut, Spannung, Sorge, Angst und all die anderen Arten negativer Gedanken loswerden? Indem wir liebevolle Freundlichkeit pflegen, um das Leiden der menschlichen Gesellschaft von heute zu überwinden. Das ist der Schlüssel.

JAMES CONNER: Was mir bei alledem auffällt, ist die Tatsache, daß diejenigen, die sich beunruhigt fühlen – sei es durch diese Geschichte oder durch das Kruzifix oder durch die bösen Wünsche in den Psalmen –, die Buddhisten sind. Daß die Christen durch diese Geschichte nicht beunruhigt sind, liegt, wie ich meine, daran, daß wir sie als so selbstverständlich nehmen. Abgesehen von Dom Armand und Dom Bernardo ist die eine Person in diesem Raume, die eine Gelegenheit gehabt hatte, diese Dinge auf sehr existentielle Weise zu erleben, der nämliche, von dem ich gerne einen Kommentar hören würde, nämlich der Ew. Ghosananda, der Geschehnisse diese Art in Kambodscha erlebt hat.

MAHA GHOSANANDA: In Kambodscha sagen wir, wenn du Leiden kennst, dann kennst du den Dharma, weil der Buddha nur eines lehrt: Leiden und die Freiheit vom Leiden. Leiden kommt von Gier, Zorn und Unwissenheit. Auf der gegenüberliegenden Seite wollen wir Frieden, wir wollen glücklich sein. Wenn wir diese Dinge wollen, müssen wir folglich das Gegenteil dessen anwenden, was Leiden verursacht: Großzügigkeit als das Gegenteil von Gier; liebevolle Freundlichkeit als das Gegenteil von Haß; und Weisheit als das Gegenteil von Unwissenheit. Ja, das ist die Antwort.

NORMAN FISCHER: Ich wollte sehr kurz sagen, daß ich ein wirklich intensives Erlebnis hatte und etwas sehr Wichtiges gelernt habe, das ich gerne mit Ihnen teilen möchte. In unserer Diskussion über Armands Vortrag, die ich als wunderbar empfand, erkannte ich, daß die Unterschiede, die wir zwischen den Traditionen wahrnehmen, in Wirklichkeit weniger Unterschiede als Verständnislücken sind. Weil ich das Christentum nicht verstehe, bin ich kein Christ. Wenn ich das Christentum *wirklich* verstünde, wäre ich ein Christ. Was ich in unserer Diskussion zwischen den Worten hörte und wirklich zum ersten Mal wertschätzte, war folgendes. Ich war so überrascht von all den Christen, die hierher kamen und ihrer – so jedenfalls habe ich es gehört – tatsächlich leidenschaftlichen Liebe zu Jesus Christus Ausdruck gaben. Dies ist ein Unterschied zwischen Buddhismus und Christentum, und deshalb ist es etwas, das ich nicht wirklich verstehe. Aber ich habe gewiß einen Geschmack und ein Gefühl davon gewonnen, und ich will nur sagen, daß es so unglaublich war, jedermann heraufkommen zu sehen. Ich erinnere mich, als Fr. Basil etwas sagte wie: „Ich leide mit dem Geliebten und der Geliebte leidet mit mir", war ich verblüfft von dieser Aussage – nicht nur von den Worten, sondern daß er auf diese Weise auch empfand. Das ist etwas, das ich nicht verstehe, aber ich schätze es sehr hoch. So beruhen unsere Differenzen vielleicht darauf, daß wir nicht wirklich verstehen.

Judith Simmer-Brown: Offensichtlich ist dies ein sehr weites Thema, doch lassen Sie mich eine andere, spezifischere Frage stellen. Ich verstehe, wie jemand sein oder ihr Leben opfern oder hingeben kann zum Wohle der anderen. Aber wie retten das Leben und der Tod Jesu Christi tatsächlich andere Wesen?

Armand Veilleux: Ich denke – und ich will mich kurzfassen –, Christus erlöst, weil Erlösung für uns die Übertragung göttlichen Lebens ist. Göttliches Leben ist ein Leben der Kommunion, einer trinitarischen Kommunion in einem Gott. Christus ist ganz Gott, aber auch ganz Mensch. Und als er Mensch geworden ist, wurde er nicht einfach ein Mensch, vielmehr wurde die ganze Menschheit von ihm aufgenommen und in seiner göttlichen Kommunion transformiert. Das ist die „Frohbotschaft" und die Wurzel der Erlösung durch Christus.

Leo Lefebure: Ich möchte Judith für ihre sehr profunde und herausfordernde Frage gerne danken. Ich denke, eine Art, das Problem beim Namen zu nennen, ist das Zusammentreffen des Geheiligten mit der Gewalt. Bereits in den ältesten Aufzeichnungen, die wir aus der Geschichte haben, finden wir Gesellschaften, die auf den Prinzipien des Ausschlusses und der Gewalt gegründet waren. Bestimmte Gruppen übernehmen die Macht und dominieren die anderen; wenn Rivalitäten entstehen, ist der schnellste Weg, wieder Frieden zu bekommen, bestimmte Individuen oder Gruppen zum Ziel zu erklären und zu vertreiben – und im schlimmsten Falle zu töten. Oft wurde ausgerechnet Gott als Rechtfertigung für Gewalt gegen unseren Feind angerufen. Und ich denke, daß man solcherart „geheiligte" Gewalt auch in der Bibel finden kann.

Ich denke, es gibt gewisse Texte, über die wir – Christen und Juden gleichermaßen – einfach sagen müssen, daß sie nicht von dem Gott handeln, den wir kennen. Wie aber betritt Gott wirklich eine Welt des systematischen Ausschlusses und der Gewalt, ohne Partei zu ergreifen? Denn wenn Gott auf der einen Seite gegen die andere ins Spiel kommt, sind wir wieder bei dem gleichen Problem der geheiligten Gewalt. Am interessantesten in der hebräischen Bibel ist für mich das Hervortreten einer alternativen Perspektive, wo Gott nicht Partei ergreift, sondern sich mit allen Opfern des Ausschlusses und der Gewalt identifiziert. Dies finden wir am dramatischsten in den Dichtungen des „leidenden Knechts" im zweiten Teil des Buches Jesaja. Da steht Gott nicht auf der Seite der Könige, wie in den meisten Mythologien, sondern auf der Seite der Opfer.

Wie Gott im Neuen Testament die Welt als der „leidende Knecht" betritt, ist eines der ältesten Bilder. Als Jesus in eine Welt der systematischen Gewalt kommt – das römische Imperium war eine lasterhafte und brutale Welt –, war sein Leben ganz Zeugnis dafür, allen Menschen, unabhängig von ihrem Status, die Gnade Gottes verfügbar zu machen. Jesus lebte dies, indem er mit Prostituierten und Zöllnern die Mahlzeit teilte und dann denen, die im System die Macht innehatten, erklärte, daß jene „Verachteten" noch vor ihnen im Reiche Gottes sein würden; damit stellte er das ganze System auf den Kopf.

Pontius Pilatus, der Repräsentant der weltlichen Macht, ließ Tausende von Juden töten – Straßen waren gesäumt von den Kreuzen mit Hingerichteten. Jesus tritt sogar in diese Opferung ein, nicht weil Leiden etwas Gutes hat, sondern weil er seinem Zeugnis treu ist: der Botschaft von Gottes allumfassender Liebe. Laut Darstellung in den Evangelien ruft er schließlich vom Kreuze: „Mein Gott, mein Gott, warum hast du mich verlassen?" Dies zeigt uns auch, daß Gott weiß, wie es sich anfühlt, von Gott verlassen zu sein – und dies bedeutet, daß keiner jemals von Gott verlassen wird. Derartiges Verlassensein ist für einen Theisten die absolut schlimmste Situation – schlimmer noch als körperliche Folter, schlimmer als der Tod. Jesus erlöst uns nicht, indem er durch ein Opfer Gottes Meinung ändert. Er erlöst uns, indem er die konkrete Inkarnation des universalen Willens Gottes ist, uns zu retten, alle in Gottes Liebe einzuschließen – selbst jene, die den Akt der Exekution durchführten.

ARMAND VEILLEUX: Ich möchte ein Wort zu diesem sehr wichtigen Thema des Geheiligten und der Gewalt hinzufügen. Das war der Sinn aller Tieropfer in Israel und in anderen Religionen. Die Menschheit fand einen Weg, mit der Gewalt umzugehen, die wir alle in unseren Herzen tragen, indem sie sie in verschiedenen Opferungen gegen Tiere richtete. Jesus, der dem ökonomischen Aspekt der Opfer ein Ende machte, als er in den Tempel ging, verpflichtete uns, uns dieser Gewalt zu stellen, wo sie ist, nämlich in unseren Herzen.

CHUEN PHANGCHAM: Was die Opferung von Tieren betrifft, so stoppte der Buddha diese Praxis zu seiner Zeit, indem er das Gebot aufstellte, kein lebendes Wesen zu töten.

LOBSANG TENZIN: Zuallererst möchte ich mein tiefes Beileid ausdrücken für das, was in Algerien passiert ist. Mir war nicht klar, daß es erst kürzlich geschah, und es ist in der

172

Tat eine Tragödie. Zugleich bewundere ich den Mut und das Vertrauen in die Wahrheit, die jene Brüder besaßen. Das ist gewiß etwas Bewunderungswürdiges.

Ich habe eine Frage dazu, wie Leiden erhöht wird. In buddhistischen Begriffen sprechen wir von „Leidenschaften" und Karma, die gereinigt werden müssen, damit wir überwinden können, was als Leiden resultiert. In christlichen Begriffen sagen Sie, daß durch Jesus das Leiden der Menschheit erhöht ist. Ich habe aus einigen Diskussionen gehört, daß Erbsünde etwas mit der Kreuzigung oder dem Opfer des Lebens Jesu in der Erhöhung des Leides der Menschheit zu tun hat. So lautet meine Frage: Was ist Erbsünde, und wie wird man durch Jesus Christus erhöht?

LEO LEFEBURE: Ich möchte einige Worte zum Thema Erbsünde sagen, das unser ehrwürdiger Bruder angeschnitten hat. Die Idee der Erbsünde ist ein Versuch der christlichen Theologie, zu benennen, was schiefgeht, wenn Menschen meinen, die richtigen Absichten zu haben, und die Dinge doch nicht recht gelingen. In technischer katholischer Sprache ist Erbsünde das Nachlassen unseres Intellekts dergestalt, daß wir nicht klar sehen können, was gut ist, und das Nachlassen unseres Willens dergestalt, daß wir nicht gut tun können, was wir als gut kennen. Wir erleben dies auf der persönlichen Ebene, wenn – gleichgültig, wie sehr ich auch versuche, mein Leben auf die Reihe zu bekommen – irgendwie irgend etwas schiefgeht. Wir nehmen die Erbsünde auch im Sinne von sozialen Systemen der Sünde wahr, die auch jenseits unserer Einflußmöglichkeiten liegen und an denen wir unweigerlich beteiligt sind.

Als ich heute morgen zum Frühstück hinunterging, lagen dort Bananen bereit. Ich weiß, wenn ich eine Banane esse, partizipiere ich an einer Weltwirtschaft, in der für den Verkauf bestimmtes Anbauobst in Gebieten produziert wird, in denen Tag für Tag Kinder unter fünf Jahren verhungern. Es gibt ein großes Tal in Guatemala, das den größten Teil von Mittelamerika ernähren könnte. Das Tal gehört multinationalen Firmen, die es zum Anbau von Exportwaren wie Bananen nutzen. Durch einfaches Verspeisen einer Banane beteilige ich mich an der kollektiven gesellschaftlichen Sünde der Welt. Die Idee der Erbsünde ist einer der christlichen Versuche, das Empfinden zu benennen, daß unsere eigenen Bemühungen, sowohl die persönlichen als auch die kollektiven, keine Abhilfe zu verschaffen vermögen, wenn in unseren eigenen, persönlichen Leben oder auch in der Gesellschaft irgend etwas irgendwie schiefgegangen ist.

Die Gnade Gottes in Christus „erhöht" uns, wie Sie sagen, da wir an seinem erhöhten Leben teilhaben. Dieses neue Leben bringt uns eine neue Freiheit von der Sünde: die Fähigkeit, klarer zu sehen und klüger zu wählen. Aber wir haben mit dieser Gnade zu kooperieren und von der neuen Freiheit Gebrauch zu machen, um das Böse in uns selbst und in der Welt, in der wir leben, zu konfrontieren und zu überwinden. Die Erhöhung ist nicht ein Ereignis, sondern ein Prozeß der Entdeckung und Transformation.

Gewalt

Eshin Nishimura: Vor einigen Jahren besuchte ich ein kambodschanisches Flüchtlingslager an der thailändischen Grenze. Es war in desolatem Zustand. Die Menschen standen oder saßen herum, sie hatten nichts zu tun. Dann sah ich einen kleinen buddhistischen Tempel, im Grunde nur eine Hütte. Mitten auf dem schmutzigen Fußboden saß ein einzelner Mönch in der Meditation. Jener Mönch, das erkenne ich jetzt, waren Sie, Maha Ghosananda! Meine Frage an Sie ist eine Zen-Frage: „Was haben Sie da getan, wo es nichts zu tun gab?"

Maha Ghosananda: Ich suchte Frieden in mir selbst, um etwas zu haben, das ich anderen geben könnte.

John Borelli: Ungeachtet der desolaten Situation, gibt es in den Flüchtlingslagern große Hoffnung bei den Menschen. Bei den Khmer, die zurückkehren, können Sie sehen, daß sie von der buddhistischen monastischen Tradition ernährt wurden, die in jedem dieser Lager lebendig ist. Doch wenn wir uns die Welt von heute betrachten – die Konflikte in Sri Lanka, Bosnien, Nordirland und im Nahen Osten –, erkennen wir, daß diese Konflikte sehr oft als religiöse identifiziert werden. Wir wissen, daß die Medien manchmal versuchen, den Konflikt zu vereinfachen, indem sie nur über religiöse Differenzen berichten. Ich denke, diese Verzerrung besteht fort, weil die Religionsführer dies zulassen. So lautet also die Frage: Wie wollen wir in unseren eigenen Gemeinschaften arbeiten, um unsere eigenen Leute und Religionsführer davon abzuhalten, sich an diesen gewaltsamen Konflikten zu beteiligen?

Maha Ghosananda: Zuerst sollten Ihre Religionsführer daran arbeiten, friedvolle Personen hervorzubringen. Eine friedvolle Person macht eine friedvolle Familie, eine friedvolle Familie macht eine friedvolle Gemeinde, eine friedvolle Gemeinde macht ein friedvolles Land, ein friedvolles Land macht eine friedvolle Welt. Der Frieden beginnt in Ihnen selbst. Wenn Sie in Ihrem Herzen friedvoll sind, dann können Sie immer mehr Menschen friedlich stimmen. Der Buddha war ein großer Religionsführer. Zuerst fand er den Frieden im eigenen Herzen. Dann, am ersten Tage, bekehrte er nur fünf Menschen. Dann bekehrte er 25 weitere, dann sechzig. Heute ist der Buddhismus über die ganze Welt verbreitet. Wir fangen immer bei Null an. Aber wegen gerade solcher Religionsführer ist hier heute in Gethsemane etwas los.

Havanpola Ratanasara: Ich möchte jegliches Mißverständnis über die Gewalt in Sri Lanka zerstreuen. Die Medien sprechen von Hindus gegen Buddhisten. Aber das ist überhaupt kein religiöser Konflikt! Das Problem ist tatsächlich ein politisches und wirtschaftliches. Im Religiösen leben die Buddhisten, Christen, Hindus und Moslems freundlich Seite an Seite.

David Steindl-Rast: In Irland ist es auch nicht ein Konflikt unter Christen, sondern eine politische Angelegenheit, die sich hinter den Masken der Konfessionen verbirgt.

Diana Eck: Wir hörten gestern die sehr bewegende Geschichte von den Trappisten-Mönchen, die aus ihrem Kloster in Algerien entführt wurden, deren Kehlen durchgeschnitten und die getötet wurden. Dann denken wir an die Dinge, die die Menschen, die in die Flüchtlingslager kamen, in Kambodscha zu sehen bekommen hatten – soviel Brutalität und Morden. Sie hatten Kinder, die mitansehen mußten, wie ihre Eltern, Brüder und Schwestern umgebracht wurden, die so viele Leichen und soviel Gewalt gesehen und die diese Bilder in ihren Geist eingeprägt hatten, und die in ihrer Erinnerung die Emotionen trugen, die mit dem Anblick jener Brutalität verbunden sind. Angesichts dieser schrecklichen Situation klingt es sehr einfach, wenn wir sagen, daß wir in unseren Herzen Frieden schaffen müssen. Ich weiß, daß es letztlich der einzige Weg ist, wie Frieden beginnen kann, doch wie können Sie dies Kindern beibringen, die vielleicht reagieren wollen auf das, was sie erlebt haben, und den Kreislauf der Gewalt fortsetzen?

Maha Ghosananda: Wir lehren sie mit dem Vorbild der liebevollen Freundlichkeit. Wir gehen in die Zelte der kambodschanischen Flüchtlinge, in denen Menschen im Sterben liegen. Wir gehen hin und sorgen für sie. In den

Lazaretten waschen wir sie und säubern sie, wenn sie Krankheiten haben. Wir zeigen den Wert des Friedens und der Liebe durch unser Beispiel. Wenn einmal ein Mönch ernstlich krank ist, kommen die Menschen, denen er gedient hatte, und kümmern sich um ihn. Sie lernen Liebe und Friedfertigkeit durch Beispiel.

DIANA ECK: Und wie ist es mit den vielen Teenagern und Kindern, die kamen und nur Weinen und Wut in ihren Herzen hatten?

MAHA GHOSANANDA: Wir erklären ihnen die Ursache von dem, was sie empfinden. Es ist der Umstand des Kämpfens, der aus gerade der Wut kommt, die sie empfinden – und sie verstehen das. Wir lehren sie durch Beispiel: Um Frieden zu schaffen, müssen wir in unseren Herzen liebevolle Freundlichkeit kultivieren.

LHUNDUP SOPA: Ich bin gerade erst in Ihrem Land gewesen. Auch unsere Situation in Tibet ist sehr tragisch, und wir versuchen, sie mit friedlichen Mitteln zu lösen – nicht durch Gewalt. Aber wie gelangen Sie zum politischen Frieden? Wir versuchen, die Menschen über die schrecklichen Dinge zu informieren, die in Tibet geschehen. Wir sprechen auch vor den Vereinten Nationen. Wir Mönche verrichten unsere Friedensgebete, um Frieden mittels unserer eigenen Friedfertigkeit zu lehren. Aber Sie führen auch Friedensmärsche durch Kambodscha an. Manchmal interpretieren Leute diese marschierenden Mönche als Demonstration des Zornes. Was denken Sie darüber? Ist das Marschieren gut oder nicht?

MAHA GHOSANANDA: Wir „marschieren" nicht – wir „wandern" – und wandern ist gut. Wir „wandern" friedlich jeden Tag in Kambodscha. Auf diese Weise schaffen wir Frieden im Gehen, mit jedem Schritt. Wir machen Frieden für uns selbst, und die Menschen folgen uns. So lernen auch sie, Frieden zu machen für sich selbst und für andere.

John Borelli: Was Sie sagen, erinnert mich an Selma in Alabama. Nachdem die erste Demonstration für Bürgerrechte von der Polizei mit schrecklicher Brutalität beantwortet worden war, war die Gegend erfüllt von Religionsführern, die die friedvolle Art von gehender Meditation durchführten, von der Sie sprachen. Jenes Gehen trug recht erfolgreich zur Transformation der Nation bei, auch zur Lösung des unmittelbaren Problems in Selma. Ich war das erste Jahr auf dem College, als dies geschah, und einer unserer Priester ging nach Selma, um daran teilzunehmen. Es übte eine sehr tiefe Wirkung auf ihn aus.

Judith Simmer-Brown: Darf ich noch eine Frage stellen? Vor einigen Tagen sprachen wir über Zorn, und ich weiß, wie ich von der tibetischen Tradition gelernt habe, mit dem Zorn in meiner Meditation zu arbeiten. Würden Sie uns verraten, was Sie Ihren Studenten raten, wie mit dem Zorn umzugehen ist?

Maha Ghosananda: Wir lehren Einsichts-Meditation, damit die Menschen sehen können, auf welche Weise Zorn aus Unwissenheit kommt. Deshalb fragen wir immer: „Was ist die Ursache, was ist die Bedingung des Zorns?" Es ist wichtig zu sehen, wie Zorn durch Ursachen und Umstände im Herzen ausgelöst wird. Wenn Sie mir zuhören, sagen Sie: „Ich lausche auf Maha Ghosananda." Aber was Sie hören, sind nur die Worte, die Ihre Ohren berühren. Wenn Sie diesen auditiven Eindruck haben, kommen Empfindungen auf. Wenn ich Ihnen Vorwürfe mache, dann fühlen Sie sich verärgert. Das ist ein unangenehmes Gefühl. Das Gefühl des Zorns beeinflußt dann Ihre Wahrnehmungen. Von der Art, wie Sie Dinge wahrnehmen, wird wiederum Ihr Denken beeinflußt, mit dem Sie bestimmte Ideen gestalten. Diese Ideen sind oft negativ und verletzend, und sie können zur Gewalt gegen andere führen.

JUDITH SIMMER-BROWN: An welchem Punkt gehen Sie von der Einsichts-Lehre zum Praktizieren von liebevoller Freundlichkeit über?

MAHA GHOSANANDA: Wir verbinden diese beiden Praktiken stets miteinander.

JAMES WISEMAN: Sie haben viel Tod gesehen. Aber Sie haben nicht nur gesehen, daß andere Menschen getötet wurden. Oft, ja Tag für Tag, ist auch Ihr eigenes Leben bedroht gewesen. Wenn Sie sich auf Protestgänge gegen die Landminen begeben, kann jeder Schritt, den Sie gehen, bedeuten, daß Sie auf eine Mine treten. Ich habe keinen Zweifel, daß Sie keine Furcht vor dem Tode haben, aber ich denke, viele Menschen, die mit Ihnen gehen, könnten dies wohl. Was würden Sie einem jungen Menschen sagen, der mit Ihnen gehen möchte, sich aber fürchtet?

MAHA GHOSANANDA: Wir meditieren über vier Punkte. Erstens meditieren wir über den Buddha und seine liebevolle Freundlichkeit, Mitgefühl, Frieden und Liebe. Zweitens meditieren wir über die liebevolle Freundlichkeit selbst. Drittens meditieren wir über den Körper, um Gedanken der Anhänglichkeit an den Körper zu überwinden und um den Körper zu beherrschen. Schließlich konzentrieren wir uns auf Wachsamkeit. Die letzten Worte des Buddhas waren sinngemäß, daß wir wachsam sein müssen. Und so gehen wir mit Frieden und Liebe, mit Freiheit von Furchtsamkeit um uns selbst, sowie mit Wachsamkeit behutsam einen Schritt nach dem anderen.

Mary Margaret Funk: Maha Ghosananda, ich fragte mich, ob Sie uns erzählen können, welches Mantra Sie Kindern mitteilen?

Maha Ghosananda: Sage ihnen einfach: „Schritt für Schritt."

David Steindl-Rast: Ich vernehme eine wunderbare Stille in diesem Raum. Es wurde vorgeschlagen, Maha Ghosananda möge uns das Gehen zeigen und uns hinausführen zu Thomas Mertons Grab.

Maha Ghosananda: Ja, das Gehen ist wie Atmen: Einatmen, Ausatmen. Gehen ist wie Atmen: Schritt für Schritt, behutsam, auf jeden Schritt achtgebend.

Soziales Handeln

Samu Sunim: Es gibt lächelnde Bodhisattvas und solche, die nicht lächeln. Der Buddhismus im Westen ist eher lächelnde Bodhisattvas gewöhnt, die glücklich und zufrieden sind. Doch es gibt auch die nicht lächelnden Bodhisattvas, die nicht glücklich und zufrieden sind. Angesichts der Situation des Buddhismus heute, besonders in Asien, sympathisiere ich mit den nicht lächelnden Bodhisattvas. Deshalb möchte ich gerne in ihrem Namen sprechen.

Eure Heiligkeit, im Jahre 1959 flohen Sie aus Ihrer Heimat aufgrund der militärischen Besetzung Tibets durch die Chinesen. Inzwischen sind Ihnen viele Tibeter gefolgt und haben Zuflucht in Übersee gefunden. Mittlerweile leben fast zehntausend tibetische Mönche im Exil. Seit 1979 reist Eure Heiligkeit in den Westen, wo Sie Vorträge halten. Dies hat dazu beigetragen, daß Tausende von Menschen im Westen die Lehren des Buddhismus entdeckten, und Tausende von Menschen den Buddhismus in ihrem Leben angenommen haben. Ohne die chinesische Invasion Tibets wäre dies unmöglich gewesen. Es ist meine Meinung, daß Eure Heiligkeit in dieser Hinsicht dem Beispiel des historischen Buddha folgt, der sein Land verließ, um ein Buddha zu werden und ein Lehrer der Religion.

Doch ich bin mir auch bewußt, daß Eure Heiligkeit das Oberhaupt der tibetischen Exilregierung in Indien ist. Sie haben sich um eine politische Einigung über Tibet mit China bemüht, und Sie stellen sich gegen jede Art von gewaltsamem Kampf für die Unabhängigkeit Tibets. Ich schätze Ihre Position der Gewaltlosigkeit, doch Asien kennt die Geschichte des chinesischen und des japanischen Imperialismus, deren Vermächtnis bis heute überlebt hat. Christen und Buddhisten haben mit dieser Aggression und Gewalt kollaboriert, und oft haben sie dazu geschwiegen. Der Unterschied ist, daß westliche Christen bereit sind, über ihre gewaltigen Verfehlungen und ihre stillschweigende Komplizenschaft nachzudenken und sich zu bessern, durch öffentliche Entschuldigungen und Versöhnungsbemühungen. Doch wie viele chinesische und japanische Buddhisten sind bereit gewesen, über ihre schändliche Vergangenheit nachzudenken und zu ihren Fehlern zu stehen? Ich warte immer noch darauf, daß buddhistische Führer in Übersee, die keinen Grund haben sollten, die chinesische Regierung zu fürchten, hervortreten und die ungerechte und brutale militärische Besetzung Tibets verurteilen. In der Vergangenheit habe ich zu einer Reihe von buddhistischen Priestern in Japan über die Kriegsverbrechen der Japaner gesprochen, besonders über die koreanischen und anderen asiatischen Mädchen, die als Teenager vom japanischen Militär gezwungen wurden, als „Trostspender" zu dienen. Ihre Reaktion rangierte von glattem Leugnen bis zur Verärgerung. Ich habe sie unbußfertig gefunden. Die buddhistische Geistlichkeit in Asien hat versagt, eine Trennungslinie zu ziehen zwischen buddhistischer Praxis und blindem Nationalismus. Dies ist ein klarer Fall des Verrats am Buddhismus.

Das traurige Bild des Buddhismus in Asien ist damit noch nicht vollständig. In Nordkorea überlebt der Buddhismus als ein Propagandamittel für das kommunistische Regime. In Südkorea unterstützten buddhistische Führer die Militärdiktatoren. In Myanmar hielten die machtvollen burmesischen *Sangha*-Ältesten still und verschlossen die Augen, als vor einigen Jahren die Demokratiebewegung von Studenten und jungen Mönchen vom Militär brutal niedergeschlagen wurde. In Thailand hielt sich der hohe *Sangha* distanziert, als die Religionsführer der Welt, besorgt über die Kinderprostitution in Bangkok, dort zu einer Konferenz zusammenkamen, um die Aufmerksamkeit der Welt auf dieses Thema zu lenken. Der Mangel an sozialem Gewissen und der ethische Quietismus unter der buddhistischen Geistlichkeit in Asien ist abstoßend. Eure Heiligkeit, es gibt Buddhisten wie mich, die nicht glücklich und zufrieden sind mit der Situation des Buddhismus in der Welt von heute. Wie sollten wir uns nach Ihrem Rat zu sozialem Unrecht stellen, um diesen Zustand des Buddhismus zu verbessern?

S.H. der Dalai Lama: Gewiß, ich weiß Ihre Sorge zu schätzen. Zugleich aber denke ich, daß wir unterscheiden müssen zwischen Buddhisten und buddhistischen Institutionen. Ich denke, daß in jeder Religion zuweilen manche ungesunden Dinge geschehen, sobald die Institution an Wichtigkeit zunimmt. Dies war so in der Vergangenheit und ist auch heute noch wahr. Ich weiß nicht, welches die beste Methode ist, um dieses Problem kurzfristig anzusprechen. Langfristig natürlich sollte jeder buddhistische Praktizierende ein echter Buddhist sein und eine breitere

Perspektive haben. Inzwischen ist die Welt kleiner und kleiner geworden, und alles hängt heute irgendwie zusammen. In der Vergangenheit sind buddhistische Praktizierende, besonders Mönche, der Gesellschaft ferngeblieben in ihrem eigenen kleinen Kreis. Wenn dies bis zu einem Extrem getrieben wird, entstehen Vernachlässigung oder Gleichgültigkeit gegenüber dem, was in der größeren Gesellschaft oder in der Regierung geschieht. Es mag in der Vergangenheit gute Gründe für jene Isolation gegeben haben. Aber heute verändern sich die Dinge. So denke ich, daß die buddhistische Geistlichkeit und Ordensleute ein empfindlicheres Gewissen entwickeln sollten in bezug auf das, was in der Welt wirklich geschieht. Ich denke, das ist wichtig. Mit einem solchen Gewissen wird schließlich ein einzelner seine kleine Stimme erheben. Dann wird eine Gruppe von Mönchen – oder eine buddhistische Gemeinde – ihrer Besorgnis Ausdruck geben, und wir können etwas verändern, wie können einige Korrekturen durchführen.

Offen gesagt, denke ich, daß wir tibetischen Buddhisten, einschließlich meiner selbst, im Laufe der vergangenen 37 Jahre im Exil engere Beziehungen mit unseren christlichen Geschwistern entwickelt haben als mit unseren buddhistischen Brüdern und Schwestern. Obwohl wir Tibeter in Indien, Thailand, Sri Lanka, Burma, Kambodscha und anderen asiatischen Ländern leben, besuchen und grüßen wir einander nur gelegentlich. Bei einigen Gelegenheiten hatten wir manch nützliche Diskussion, aber dies hat gänzlich auf individueller Basis stattgefunden. Auch unsere offiziellen Besuche in diesen Ländern sind aus politischen und anderen Gründen schwierig. Deshalb denke ich, daß wir mehr regelmäßige Kontakte und größere Treffen – etwa buddhistische Konferenzen – brauchen, bei denen wir Ideen unter uns besprechen können. Dann wird es schließlich sehr wohl möglich sein, eine Art von konkreter Methode zum Umgang mit Themen zu erarbeiten, die den Buddhismus und die moderne Welt betreffen. Meine Bitte oder mein Wunsch ist, daß wir innerhalb unserer eigenen buddhistischen Gemeinschaft – besonders unter den Ordensleuten und Gelehrten – mehr internationale Konferenzen haben. Solche Gespräche wären in der derzeitigen Situation sehr, sehr hilfreich.

KEVIN HUNT: Ein Teil von mir lächelt jetzt, denn wenn ich so allgemein betrachte, wie wir zusammen über Dinge diskutiert haben, sehe ich, daß die Christen sehr daran interessiert sind, über meditative Praktiken als Hilfen für die Rückkehr zu unserer spirituellen Quelle des Gebets und der Meditation zu sprechen. Die Buddhisten wiederum scheinen das Bedürfnis nach sozialem Engagement in ihrer Tradition zu zeigen. Wir scheinen zwei Gespräche gleichzeitig zu führen, und das finde ich wunderbar!

MARY MARGARET FUNK: Eure Heiligkeit, ich habe eine praktische Frage über die Zeiteinteilung. Das Gleichgewicht von Arbeiten und Gebeten ist für uns sehr schwierig gewesen. Ich höre, daß Sie wünschen, Ihre Mönche würden mehr arbeiten, und wir wollen, daß die Christen sich mehr im Gebet der eigenen Mitte zuwenden. Welchen Rat haben Sie für beide Traditionen, da die eine mehr nach außen geht und die andere mehr nach innen?

S.H. DER DALAI LAMA: Es ist wahr, viele Jahre habe ich mich zu jenen christlichen Geschwistern hingezogen gefühlt, die in sozialen Diensten engagiert waren – besonders in den Bereichen der Erziehung, Ausbildung und Gesundheitsfürsorge. So habe ich unseren Mönchen seit Mitte der sechziger Jahre bei vielen Gelegenheiten mitgeteilt, daß wir von diesen christlichen Brüdern und Schwestern lernen müssen. Wir sollten mehr Aktivität in den sozialen Diensten entfalten.

Ich denke, sowohl im Christentum als auch im Buddhismus gibt es unterschiedliche Arten von Menschen. Manche Menschen können ihre ganze Zeit und Energie der Meditation widmen; zu dieser Kategorie gehören nur sehr wenige Menschen. Wir Tibeter haben eine Bezeichnung für sie, die buchstäblich bedeutet: „Jene Menschen, die wirklich imstande sind, das Banner der religiösen Praxis hochzuhalten". Ich meine, daß es für diese Leute keine weiteren Aktivitäten geben sollte. Und ich denke, wir sollten diese Menschen ermutigen. Sie vermitteln uns einen Respekt vor dem tieferen, inneren Wert unserer Tradition und den Wert echter Transformation. Doch für die Mehrheit der Ordensleute ist es notwendig, eine Form von produktiver Arbeit auszuführen, nicht nur innerhalb klösterlicher Einrichtungen, sondern auch in der Gesellschaft.

Als ich in Thailand war, sprach ich das Thema einmal bei dem höchsten Patriarchen des Buddhismus an. Ich sagte ihm, daß buddhistische Mönche mehr in der Gesellschaft sozial engagiert sein sollten. Darauf erwiderte der Patriarch natürlich zu Recht, daß wir Ordensleute uns nach der Vorgabe in den Sutras von der übrigen Gesellschaft distanzieren müssen. Das ist ebenfalls wahr. Aber jetzt ist eine Zeit der Veränderung. Der Glauben der Menschen von heute – oder für die buddhistische Gemeinde: das Verständnis über den Buddha-Dharma unter den Haushältern – ist sehr wichtig. Ein tieferes Verständnis des Buddha-Dharma nur in den Klöstern zu bewahren, ist auf weite Sicht nicht angebracht. Wenn es in der Gesellschaft mehr Verständnis und Erfahrung des Buddha-Dharma gibt, dann werden Sie die Buddha-Dharma-Atmosphäre auch in den Familien antreffen. Die Folge wird sein, daß die Kinder, die in einer solchen Atmosphäre aufwachsen, gute Buddhisten sein werden. Das ist sehr wichtig. Deshalb appelliere ich immer an die tibetischen Mönche und Nonnen, mehr Aktivitäten im sozialen Dienst, besonders im Bereich der Bildung, zu übernehmen.

Wie steht es nun mit der Zeiteinteilung? Manchmal sage ich zu den Tibetern, wir sollten die Hälfte unserer Zeit der religiösen Meditation und ähnlichen Dingen widmen, die andere Hälfte der weltlichen Arbeit. Also sollten die Mönche und Nonnen in den Klöstern – sowohl die Buddhisten als auch die Christen – eine bestimmte Zeit der tiefen Meditation und Kontemplation widmen und einen bestimmten Teil der Zeit produktiv arbeiten. Das „Unabhängigkeits-System" hier in Gethsemane finde ich fabelhaft!

Für Buddhisten und Christen gleichermaßen ist die Praxis der Spiritualität am frühen Morgen von großem Wert. Sie ruft eine Erfahrung oder eine Art von Empfindung hervor, die uns durch den Rest des Tages begleiten kann. Wenn Sie dann also mit den weltlichen Aktivitäten des Tages beschäftigt sind, werden auch diese Tätigkeiten im Grunde zu Dharma-Aktivitäten, Dharma-Handlungen. Besonders wenn Sie mit einem Problem konfrontiert sind, wird es manchmal nötig sein, ein ernstes Argument vorzubringen oder eine ernste Art von Gegenaktion einzuleiten. Die spirituelle Praxis, die tief aus dem Inneren kommt, nährt oder erhält das Gott-Empfinden, die Liebe oder Achtung für andere, so daß Sie – je nach den Umständen – Gegenmaßnahmen ergreifen können, ohne Ihren Seelenfrieden zu zerstören. Diese Fähigkeit hängt weitgehend von Ihrer frühmorgendlichen Meditation ab.

JOSEPH GOLDSTEIN: Der Buddha legte sehr viel Wert auf rechtes Sprechen, und Wahrhaftigkeit ist natürlich ein zentraler Aspekt davon. Doch der Buddha lehrte auch, daß wir nur sagen sollten, was wahr *und* nützlich ist. Manchmal mag etwas wahr sein, doch es ist nicht die rechte Zeit, es zu sagen; es ist vielleicht in diesem bestimmten Zusammenhang nicht nützlich. Aber ich denke, es ist wichtig, diese Lehre nicht als Ausrede zu gebrauchen, um sich vor dem Aussprechen der Wahrheit zu drücken, wenn diese schwierig *und* nützlich ist.

Hinsichtlich des Mitgefühls habe ich das Empfinden, daß es wichtig ist, nicht eine Hierarchie von mitfühlender Aktivität einzurichten. Während wir das Mitgefühl in unserem Herzen entwickeln, wird jeder von uns es auf seine eigene Art und je nach der Verschiedenheit der Umstände zum Ausdruck bringen. Bei manchen mag dies ein sehr starkes Engagement in sozialer Aktivität sein. Für einen anderen mag es bedeuten, in einer Höhle zu sitzen. Ich denke nicht, daß das eine mehr Mitgefühl erfordert als das andere. Ich denke, wir haben das ganze Spektrum der Möglichkeiten anzunehmen.

KEVIN HUNT: Ich meine in der Tat, daß ein Teil der christlichen Tradition, den wir zu leben versäumt haben, vielleicht die Erkenntnis ist, daß unser Engagement in sozialer Aktivität weitgehend auf der Person des Jesus von Nazareth basiert, was aus seinen eigenen Worten hervorgeht. In den Evangelien lesen wir Jesu Aussagen über Himmel und Hölle. Zu denen, die in den Himmel eingeladen sind, sagt er: „Kommt her und tretet ein in mein Reich, denn ich bin hungrig gewesen, und ihr habt mich gespeist; ich war durstig, und ihr gabt mir zu trinken." Da fragen ihn die so Aufgeforderten: „Aber Herr, wann haben wir dich gespeist, als du hungrig warst? Und wann haben wir dir zu trinken gegeben?" Und Jesus antwortet: „Was immer ihr getan habt einem unter meinen geringsten Brüdern, das habt ihr mir getan." Für Christen ist unser soziales Engagement also letztlich ein sich selbst-verschenkender, ichloser Pfad des Engagements mit Jesus Christus.

DAVID STEINDL-RAST: Dieses Zitat aus der Schrift ist es wert, gelesen zu werden, denn Sie werden feststellen, daß jene, die das Richtige getan, den Hungernden gespeist und den Gefangenen besucht haben und so weiter, so handelten, *ohne* zu wissen, daß sie es für Christus taten. Diese Parabel wendet sich sehr deutlich gegen jene, die *behaupten,* Christen zu sein und solche Dinge nicht tun.

JINWOL SUNIM: Nur eine kurze Frage: Was verstehen Sie unter Himmel und Hölle?

JAMES WISEMAN: Für uns ist der Himmel im wesentlichen völlige Einheit mit Gott. Er ist unser Ausdruck für das Ziel unseres ganzen Lebens. Ich denke, die besten Theologen in der christlichen Tradition haben unser ganzes Leben als eine zweifache Bewegung betrachtet: Aus Gott heraus kommend, und zu Gott zurückkehrend. Die Rückkehr geht ins himmlische Leben, in die Einheit mit Gott. Das ist Himmel. In gewissen Büchern der Bibel wird er beschrieben als gleich einer Stadt mit zwölf Toren und allen möglichen Perlen. Das sind freilich Symbole und Bilder, die nur zu vermitteln versuchen, was für uns höchste Glückseligkeit ist.

Die Hölle andererseits ist einfach das Gegenteil davon. Ich denke, entscheidend ist hier, daß die Hölle vollständige Isolation bedeutet. Hölle heißt, abgeschnitten zu sein von allem und jedem, ganz ohne Liebe, voller Haß, voller Selbstbezogenheit, ohne jegliche Möglichkeit oder Fähigkeit zur Einheit mit Gott oder anderen. In diesem Sinne wurde jemand, der sich in der Hölle aufhält, nicht von Gott dorthin gesetzt, sondern die Person hat sich selbst dorthin gebracht. Ich möchte hinzufügen, daß die Kirche niemals behauptet hat, daß irgendeine individuelle Person auf ewig verdammt sei. Einige Autoren in Vergangenheit und Gegenwart deuten an, daß Gottes grenzenlose Liebe eines Tages vielleicht sogar den schlimmsten aller Sünder in Gottes Sein emporziehen wird.

HAVANPOLA RATANASARA: Ich bin besorgt über gewisse Aktivitäten christlich-evangelikaler Gruppen in Asien. Samu Sunim erwähnte, daß solche Gruppen jetzt buddhistische Tempel in Korea niederbrennen. In den Großstädten üben sie so viel Druck auf die Buddhisten aus – sie versuchen sie zu zwingen, in ihre Kirchen zu gehen –, daß viele Buddhisten sich in ihren Häusern einschließen, um dem zu entgehen. Die Menschen in Asien haben Erfahrungen dieser Art seit mehreren Jahrhunderten gehabt. Ausgehend von Portugal, Holland und England, kamen Missionare nach Asien und versuchten, in buddhistischen Ländern das Christentum mit Gewalt einzuführen.

Als ich noch recht jung war, hatte auch ich starke Emotionen gegen die christlichen Missionare. Doch später begann ich das Christentum zu studieren, und ich änderte meine Einstellung. So fing ich an, mit den Christen in meinem Lande zusammenzuarbeiten. Heute treffen sich alle religiösen Gruppen von Zeit zu Zeit, und die Resultate sind positiv zu nennen. Doch heute ziehen jene evangelikalen Gruppen in die ländlichen Gebiete, wo die Leute arm sind und nicht so gebildet. Sie haben angefangen, die Menschen vom Lande zu bekehren, und das ist zu einem sehr großen Problem in diesen Gebieten geworden, denn sie erzeugen eine Spaltung zwischen den Menschen. Wenn wir unsere katholischen Freunde danach fragen, was da vorgeht, sagen sie, sie seien daran nicht beteiligt. Ich weiß nicht, ob das wahr ist. Doch bitte, richtet euren christlichen Brüdern und Schwestern aus, solche Dinge nicht zu tun. Sie bringen Disharmonie.

SAMU SUNIM: Auch ich habe gemischte Gefühle über das Christentum. Mir ist bewußt, daß hier keine Evangelikalen anwesend gibt, also sind ihre Aktionen kein Thema.

189

Doch ich denke, es gibt etwas in den christlichen Lehren, das ihren Anhängern erlaubt, intolerant gegenüber uns Nichtchristen zu werden. Andererseits sind auch Buddhisten aus Ländern unter uns, die eine problematische politische Geschichte haben. Ich bin tatsächlich mehr besorgt über das Unvermögen unserer Brüder und Schwestern, über solche Dinge laut zu sprechen.

GILCHRIST LAVIGNE: Ich schätze, was Samu Sunim sagte, weil ich denke, daß wir alle auf einen Augenblick der Wahrheit zugehen. Ich sprach bereits über das ganze Thema der Reue – das Bedauern der Ichbezogenheit und der Sünde. Was ich sagen will, ist, daß mir jegliche Ungerechtigkeit leid tut, die von meiner eigenen Tradition je begangen wurde. Jedes Übel fängt im Inneren an. Und so bedauere ich alles, was wegen meiner Tradition geschehen ist. Und ich bedaure das Böse in meinem eigenen Herzen, das der Ursprung allen Unrechts ist.

LEO LEFEBURE: Eure Heiligkeit, Sie haben sehr beredt über Ihre Vision von der Gemeinschaft der Weltreligionen gesprochen, in die jede Religion ihre eigene Tradition einbringt und mitteilt. Was erwarten Sie als Beitrag von uns Christen zur Gemeinschaft der Weltreligionen? Ich stelle diese Frage in zwei Teilen. Erstens: Was können Christen allgemein beitragen? Zweitens: Was erwarten Sie von uns katholischen Mönchen und Nonnen?

S.H. DER DALAI LAMA: Einer der eindrucksvollsten Aspekte des traditionellen christlichen Klosterwesens ist sein Dienst für die Gemeinschaft oder Gesellschaft. Das – so empfinde ich es – ist ein sehr, sehr praktischer Beitrag. Ich habe wirklich das Gefühl, daß buddhistische Praktizierende sehr wenig praktische Beiträge leisten. Weiter sind Ihre Disziplin und Ihre Einfachheit sehr wertvoll. Auch Ihr stufenweiser Einweihungsprozeß ist sehr gut. Sie geben den Menschen viel Zeit, um über das klösterliche Leben nachzudenken und gewissenhaft Selbstprüfung zu üben, bis sie sich sicher fühlen, daß sie ein guter Mönch, eine gute Nonne sein können. Erst dann werden sie ordiniert. Ich halte das für eine sehr, sehr gute Praxis. Dann denke ich auch, daß Ihre Hingabe an Gott und Ihr unerschütterlicher Glaube ebenfalls sehr eindrucksvoll und gut sind. Auch akademische Bildung sollte Ihre Hingabe nicht schmälern.

Was die Christen im allgemeinen betrifft, so denke ich – aufgrund Ihrer großen Zahl und weil Sie im Westen materiell so weit voraus sind –, daß Sie zum Aufbau des Weltfriedens von großer spiritueller und materieller Hilfe sein können. Neulich sagte ich in England spaßeshalber: Sie waren einst die größte imperialistische Nation und haben die Menschen rund um den Globus ausgebeutet. Nun ist die Zeit gekommen, dies der Welt zurückzuzahlen. Ich habe das Gefühl, daß Sie im Hinblick auf die Förderung der spirituellen und materiellen Entwicklung mehr tun können. In Teilen Afrikas und Asiens kämpfen viele Menschen ums bloße Überleben. Unter solchen Umständen besteht ein dringender Bedarf an materieller Hilfe. Wenn sie auf diese elementaren menschlichen Bedürfnisse antworten, nutzen die fortschrittlichen christlichen Nationen des Westens eine große Chance, eine neue Wertschätzung des menschlichen Lebens zum Ausdruck zu bringen. Hier, denke ich, können unsere christlichen Brüder und Schwestern einen großen Beitrag leisten. Die allerschrecklichsten Waffen, einschließlich der Atomwaffen und der marxistischen Ideologie, sind aus dem Westen gekommen. So hat der Westen in der Vergangenheit einige sehr destruktive Initiativen in anderen Teilen der Welt gestartet. Nun, denke ich, ist die Zeit gekommen, um konstruktivere, weltweite Initiativen zu beginnen. Dies ist mein Wunsch und meine Hoffnung.

Lassen Sie mich schließlich sagen, daß wir tibetischen Buddhisten aufgrund des buddhistisch-christlichen Dialoges die besten und engsten Beziehungen mit unseren christlichen Brüdern und Schwestern entwickelt haben. So ist auch der Dialog einer ihrer großen Beiträge. Er baut einen gesunden Geist der Harmonie auf die Basis gegenseitigen Verständnisses. Mit vollem Wissen um unsere Unterschiede und unsere Ähnlichkeiten haben wir Respekt und Verständnis für einander entwickelt. Ich denke, dies ist ein gutes Beispiel für andere religiöse Traditionen. Ich meine, Sie können einen großen Beitrag leisten, indem Sie dies den Angehörigen anderer Traditionen zeigen.

Frauenthemen

Yifa: Der Nonnenorden ist in Taiwan sehr stark gewachsen. Ich möchte unsere tibetischen und Theravada-Führer hier nach der Möglichkeit fragen, den Nonnenorden wieder einzurichten.

Havanpola Ratanasara: Es ist eine brennende Frage im Westen, warum Frauen besonders in der Theravada-Tradition nicht in die klösterlichen Orden zugelassen werden. Es ist wahr, daß es in Taiwan – und auch in Korea – jetzt Tausende von Nonnen gibt. Der Nonnenorden erblühte während der frühen Tage des Buddhismus auf Sri Lanka, doch später verschwand er langsam. Mehrere Jahrhunderte sind vergangen, und es haben sich gewisse religiöse Bräuche entwickelt, die die Männer und Frauen in der *Sangha* betreffen. Zum Beispiel kann in Thailand keine Frau einem buddhistischen Mönch etwas mit der Hand geben. In Sri Lanka hingegen können Frauen einem Mönch alles aus der Hand anbieten. Solche Sitten lassen sich nicht über Nacht ändern. In der Tat ordinierte ich selbst eine Thai-Frau und nahm sie mit der Zustimmung aller buddhistischen Traditionen – sowohl des Theravada als auch des Mahayana – in den Orden auf. Später wurden drei weitere Frauen in den Orden zugelassen. Doch im allgemeinen brauchen wir einige Zeit, um diese Situation zu korrigieren. Die Dinge sind im Wandel, und ich hoffe, dieser Punkt wird in naher Zukunft richtiggestellt.

LHUNDUP SOPA: Über den Nonnenorden in Tibet möchte ich sagen: Wir haben Nonnen, doch sie sind nicht voll ordiniert, weil jene Tradition Tibet nie erreicht hat. Doch S. H. der Dalai Lama beginnt einige andere Quellen für diese Tradition zu prüfen, die in die tibetische Überlieferung einfließen könnten. Wenn seine Initiative erfolgreich ist, werden künftig viele unserer Nonnen die volle Ordination erhalten können.

PANDITH VAJIRAGNANA: Was die Frage der Ordination von Frauen in den Nonnenorden angeht, so sind wir hundertprozentig dafür. Das Problem liegt nicht darin, in den Orden der Nonnen einzutreten – es gibt viele solche Nonnen in jedem Land. Das Problem liegt in der hohen Ordination, die sie zu voll ordinierten Nonnen macht. Wir haben die Novizen-Ordination, doch in der Theravada-Tradition ist die hohe Ordination vor vielen Jahrhunderten ausgestorben. Aber im 7. Jahrhundert zog eine große Zahl von Nonnen nach China und richtete dort die hohe Ordination der Nonnen ein, die bis zum heutigen Tage fortbestehen soll. So bitten unsere Theravada-Nonnen, die hohe Ordination zurückzubringen und in unseren Ländern wieder einzuführen. Es werden Untersuchungen angestellt, um herauszufinden, ob jenes System ununterbrochen fortbesteht. Wenn dies der Fall ist, kann es eines Tages in die Theravada-Länder gebracht und dort wiedereingeführt werden. Gerade jetzt – wie es sich so fügt – unterziehen sich zehn

Frauen in Sri Lanka einer Ausbildung. Es gab etwa dreihundert Bewerberinnen, aus denen zehn ausgewählt wurden. Wenn ihre Ausbildung abgeschlossen ist, werden sie die hohe Ordination am 8. Dezember 1996 in Indien erhalten. Diese Ordination wird nach der koreanischen Tradition durchgeführt werden.

CHUEN PHANGCHAM: Gestern fragte mich Seine Heiligkeit über meine Vorstellung bezüglich des Nonnenordens. Meine Idee ist, zehn oder mehr Frauen mit Novizen-Ordination auszuwählen, die bereit sind, sich der klösterlichen Gemeinschaft in Taiwan, Korea oder China anzuschließen. Dort können sie eine mindestens fünfjährige Ausbildung erhalten, um danach voll ordiniert zu werden. Dann können sie nach Thailand zurückkehren und eine weitere Ordination vom Mönchsorden empfangen. Das ist nötig, weil Nonnen aufgrund der traditionellen Regeln von beiden Orden ordiniert werden müssen. Auf diese Weise können wir voll ordinierte Nonnen in Thailand haben.

JUDITH SIMMER-BROWN: Ich habe einige Zeit in Taiwan verbracht und war so beeindruckt, wie viele sich absolut klar ausdrückende und wirklich charismatische buddhistische Nonnen dort leben! So habe ich zwei Fragen. Erstens, wie kam es, daß der Nonnenorden in Taiwan so viele bemerkenswerte, sehr gebildete und sich klar ausdrückende Frauen hervorgebracht hat. Und zweitens, wird dies in Taiwan als Problem empfunden, da die Männer in dieser Hinsicht nicht so erfolgreich sind?

YIFA: Ich denke, die Idee des humanistischen Buddhismus – das heißt, im sozialen Bereich engagiert zu sein – ist für Frauen in Taiwan sehr attraktiv. Außer dem sozialen Engagement sind auch die Bildungschancen für Nonnen für viele Frauen attraktiv. Was unsere Beziehung zu den Mönchen betrifft, so haben vielleicht einige Mönche das Gefühl, wir seien eine Bedrohung, doch ich denke, unsere Beziehung sollte von gegenseitigem Respekt geprägt sein. In meinem Tempel behandeln wir einander mit Achtung. Ich würde sagen, daß mein Meister allgemein das Gefühl hat, daß der Buddhismus in Verbindung mit der Öffentlichkeit leben muß, wenn der Dharma überleben soll. Damit wir den Buddhismus heute propagieren können, muß er humanistisch und für jedermann im täglichen Leben anwendbar sein.

DIANA ECK: Ich möchte auch eine Bemerkung zur Frauenfrage machen. Auf buddhistischer Seite haben wir sehr viele Mönche und Nonnen, und wir haben zahlreiche christliche Ordensleute, Frauen und Männer. Doch darüber hinaus gibt es in der christlichen Tradition den ganzen Strom von Autoritäten im ordinierten Dienst. Ich lehre an einer christlichen theologischen Schule und halte es – zumindest für unsere buddhistischen Freunde – für wichtig zu wissen, daß es auch im Christentum zutrifft, daß mehr und mehr Kandidaten für unsere geistlichen Ämter Frauen sind. In den neunziger Jahren waren mehr als die Hälfte der Studenten in christlichen theologischen Schulen und Seminaren Frauen; dies war noch vor dreißig oder vierzig Jahren nicht so. Das zunehmende Empfinden religiöser Berufung unter den Frauen ist also nicht etwas, das wir nur in der buddhistischen Tradition beobachten. Auch im Christentum ist eine signifikante Zunahme der Anzahl von Frauen in religiösen Führungspositionen festzustellen. Ich darf auch sagen: Es ist ein Kampf gewesen in jeder, aber auch jeder Denomination – die Sie vielleicht als die verschiedenen Zweige oder Schulen des Christentums bezeichnen würden.

SAMU SUNIM: Ich habe zwei Fragen. Lassen Sie mich sagen, daß ich nichts dagegen habe, daß Frauen zu weiblichen

Mönchen werden, sondern ich bin ganz dafür. Tatsächlich bin ich sehr froh, so viele katholische Nonnen zu sehen, die uns bei dieser Veranstaltung umsorgen; es ist sehr eindrucksvoll. Es gibt eine Vinaya-Regel, die Mönchen verbietet, Frauen zu ordinieren, und es gibt eine Vinaya-Regel, die untersagt, daß Mönche und Nonnen zusammenleben. Es gibt buddhistische Organisationen in Taiwan, in denen der Meister Frauen ausbildet und ordiniert. Ich wüßte zu gerne, wie es dazu gekommen ist; dies ist meine erste Frage. Und zweitens: Leben die Mönche und Nonnen zusammen?

YIFA: Zuerst zu der Frage, ob Mönche und Nonnen in unserem Tempel zusammenleben: Unsere Mönche leben in einem Bereich und unsere Nonnen in einem anderen Bereich. Und ich will sagen, daß ich in Anbetracht meiner persönlichen Erfahrung aus der Arbeit auch mit Mönchen nicht denke, daß ich jemals irgendeine Anhänglichkeit zu ihnen entwickeln könnte! Die Vinaya-Regeln über die Ordination von Nonnen sind eine sehr komplexe Angelegenheit, weil unterschiedliche Schulen voneinander abweichende Regeln haben. Ich habe das Gefühl, daß der Buddha ein wirklich weiser Meister war, denn als er den Vinaya ersann und eine Regel zu starr war, räumte er eine Ausnahme ein.

SAMU SUNIM: Lassen Sie mich nur sagen: Sie haben recht. Es gibt wichtige Regeln, die unabänderlich sind, und untergeordnete Regeln, die variabel sind. Doch ich meine, daß die Regeln im Zusammenhang mit der Ordinierung von Frauen zu den wichtigen Regeln zählen.

BLANCHE HARTMANN: Ich bin mit der chinesischen Kultur auf Taiwan nicht vertraut, doch frage mich, ob es für Ihren Lehrer so revolutionär war, Frauen zu ordinieren und ihnen im Tempel gleiche Chancen zu geben, wie es beispielsweise in Japan gewesen wäre? Ich bin mit der japanischen Tradition besser vertraut und meine, dort wäre es recht revolutionär und sehr couragiert, Frauen in der Praxis eine gleiche Chance zu geben und sie mit den Männern studieren zu lassen. Die Möglichkeit der Chancengleichheit für Nonnen in Japan sieht im allgemeinen so aus, daß sie eigene Institutionen haben, in denen sie alle Aktivitäten selbst übernehmen. Auch frage ich mich, ob das Gewicht, das Ihr Meister auf soziale Dienste legt, für viele vielleicht deshalb so attraktiv ist, weil sie hier, angetan mit einer klösterlichen Rolle, in der Gesellschaft ihren Hege- und Pflegeinstinkt ausleben können.

Yifa: Eine Sache möchte ich erwähnen, und zwar: Die Leute denken oft, es sei eine weltliche Errungenschaft, wie ich Dekanin eines Colleges zu werden, zu lehren oder soziale Arbeit auszuführen. Doch für uns ist solche Arbeit ein Teil unseres spirituellen Weges. Als ich das erste Mal für zwei Wochen in den Tempel ging – es war noch während meines Jurastudiums –, lauschte ich den Unterweisungen des Meisters, und ich spürte, daß eine Verwandlung in mir vorging. Jenes Gefühl ist schwer zu beschreiben, doch man empfindet sich gelöst von der Welt, und Ruhm, Ansehen und Geld erscheinen nicht mehr so wichtig. Und man hat auch das Gefühl, daß die Menschen, die einen in der Welt umgeben, wie Außerirdische sind, zu deren Reich man nicht mehr gehört. Das ist die Kraft aus meinem Innern, die mich dazu brachte, meinen Kopf zu rasieren und Nonne zu werden.

Ich empfinde dies als eine Art von transzendentem Erlebnis, und diese Erfahrung hat mir in den vergangenen siebzehn Jahren geholfen. Nachdem ich Nonne wurde, verbrachte ich drei Jahre am College, dann zwei Jahre an der Universität von Hawaii, und schließlich sechs Jahre an der

Yale University. Ich lebte immer in der äußeren Welt, aber jene Erfahrung der Transzendenz und die Freude, die sie mit sich brachte, ließen mich immer eine chinesisch-buddhistische Nonne bleiben. Wissen Sie, bevor mein Meister mich in die Vereinigten Staaten schickte, machten sich viele Leute Sorgen, daß ich in der amerikanischen Kultur verlorengehen könnte. Aber jene spirituellen Erlebnisse erinnern mich daran, wer ich bin, und erhalten mich bis heute als eine buddhistische Nonne in meiner weltlichen Arbeit.

DAVID STEINDL-RAST: Zur Information unserer buddhistischen Schwestern und Brüder sei bemerkt, daß einer unserer frühesten Texte im Neuen Testament fordert, daß Frauen in der Gemeinde nicht den Mund öffnen sollten. So ist es ermutigend zu sehen, daß wir in unseren beiden Traditionen mit ähnlichen Problemen zu tun haben. Ich möchte auch ergänzen, daß in Taiwan und anderen Ländern, in denen heute so viele buddhistische Nonnen leben, auch eine Zunahme der Zahl katholischer Nonnen festzustellen ist.

Einheit

JINWOL SUNIM: Ich möchte wissen, was Sie unter „Reich Gottes" verstehen. Viele verschiedene Religionen gebrauchen den Begriff „Gott". Meinen Sie, daß es nur ein Reich Gottes für gute Christen gebe? Oder hat jedes Volk sein eigenes Reich Gottes? Könnten Sie dies klarstellen?

EWERT COUSINS: Ich denke, wir sind alle zusammen in ihm. Mit anderen Worten, die Geographie kann uns nicht länger trennen; das ist offensichtlich. Ich meine, selbst wenn wir es probierten, würde es nicht funktionieren, und ich denke nicht, daß wir es probieren werden oder auch nur fähig wären, es zu probieren. Was für die Menschen einst eine geographische und historische Trennung war, ist in unserer Zeit zusammengebrochen. So ist diese neue Welt, für die wir alle arbeiten – und welche die Christen das Reich Gottes nennen – etwas, das die ganze menschliche Gemeinschaft umfaßt.

HAVANPOLA RATANASARA: Ich denke, daß uns die Sicht der globalen Situation, die in den christlichen Ansprachen zum Ausdruck kam, wirklich Mut macht! Ich denke, meine buddhistischen Freunde werden mit mir übereinstimmen, daß derart großherzige Aussagen nur sehr selten zu hören sind. Die Vision der globalen Einheit wird sich in der Zukunft durchsetzen. Die Menschen haben genug von den schrecklichen Dingen, die in der Welt von heute passieren.

In Asien, besonders in den theravada-buddhistischen Ländern, haben wir den Begriff des *dukkha*, des Leidens, sehr ernstgenommen. Wir werden von diesem Prinzip geleitet. Buddha verstand das menschliche Leiden, und er bot einen Ausweg. Doch nun sind sich die buddhistischen Gemeinschaften nicht einig darüber, wie dieses Problem auf gesellschaftlicher, politischer und wirtschaftlicher Ebene anzusprechen ist. Ihr Hauptinteresse galt der Frage, wie man einen eigenen, persönlichen Ausweg aus dem Leiden findet. In Thailand beispielsweise wünscht die Bevölkerung nicht, daß sich buddhistische Mönche an sozialen Aktionen beteiligen. Sie sagen, die Mönche sollten im Tempel sein, Almosen empfangen und die Meditation praktizieren.

Doch trotz dieses Widerstandes hat der buddhistische *Sangha* in Asien die sozialen Bedürfnisse der Menschen bedacht und soziale Bewegungen entwickelt, in deren Rahmen die buddhistischen Mönche und die Laienschaft in Programmen zur Gemeindeentwicklung arbeiten. Die gute Nachricht ist, daß die Leute die schlechten sozialen Umstände wahrnehmen und sich zusammentun, um Abhilfe zu schaffen. Diese Zusammenarbeit besteht nicht nur mit den Buddhisten, sondern sie schließt auch Angehörige anderer religiöser Gruppen ein, besonders die christlichen Gemeinden. Wir müssen nach vorn schauen, nicht nach hinten. Wir müssen Frieden und Harmonie in diese Welt bringen, und deshalb Wohlstand für alle Menschen. So laßt uns zusammenarbeiten, um diese Welt zu einem bewohnbaren Ort zu machen, zu einer gesunden Gesellschaft.

Dhammarakkhita: Ich denke, im spirituellen Leben gibt es zwei Perspektiven, die horizontale und die vertikale. Vom christlichen Standpunkt aus verschmelzen diese beiden Perspektiven im „kosmischen Christus". Dieser Gedanke vereint die vertikale Tiefe Gottes mit der horizontalen Reichweite des Kosmos. Meine buddhistische Sicht ist folgende: In der Vertikalen suchen wir Reinheit des Geistes, und in der Horizontalen trachten wir, anderen zu dienen. Um die Reinheit des Geistes zu erlangen, müssen wir die Meditation praktizieren. Doch während wir unser Bewußtsein auf die höchstmögliche Ebene anheben, dehnt sich unser Geist auf geheimnisvolle Weise in die Grenzenlosigkeit des Raumes aus. Deshalb weise ich alle meine Yogis in dieser Phase an, Gedanken liebevoller Freundlichkeit in alle Richtungen des Universums auszusenden. Jesus Christus lehrte, daß nur Liebe die Probleme der Menschheit lösen kann. Durch Einbringen reiner Geistenergie können wir allen Wesen liebevolle Freundlichkeit vermitteln. Mein Ziel ist nicht nur, das Nirvana zu verwirklichen, sondern die Probleme der Menschheit zu lösen. Zu diesem Zweck müssen wir eine globale Spiritualität aufbauen.

Donald Mitchell: Ich bin sehr erfreut über Ewerts Vision vom Reiche Gottes im weitesten Sinne des Begriffes. Er erwähnte dabei, daß ein Aspekt beim Aufbau dieses Reiches das Zugehörigkeitsempfinden ist, daß wir bereits eine Menschheitsfamilie sind. Diese Bemerkung möchte ich nur unterstreichen, und ich denke, daß wir heute mehr und mehr Empfänglichkeit für diese Vision von der Einheit der Menschen feststellen können. Das Zitat von Thomas Merton, wir müßten erkennen, daß wir bereits eins sind, ist hier oft gebraucht worden.

Was der Ew. Dhammarakkhita über die Dimensionen der Spiritualität sagte, erinnert mich an die F. A. S. Society in Japan. Sie vertritt den Gedanken, daß die vertikale Tiefe des formlosen Selbst („F") die horizontale Breite aller Menschheit („A") umfasse. Wenn wir diese Tiefe und Breite der wahren Realität erkennen, können wir auf dieser spirituellen Grundlage eine neue Geschichte bauen, die als „Supergeschichte" („S") bezeichnet wird. Außer der F. A. S. gibt es auch andere neue Bewegungen, die Spiritualität und soziales Handeln zur Einigung der Welt miteinander verbinden. Im Buddhismus gibt es die Sarvodaya-Bewegung in Sri Lanka, die sozial engagierten Buddhisten in Thailand, die Fokuang-shan-Bewegung in Taiwan und die Rissho-Koseikai in Japan. Auch ich gehöre einer – „Fokolaren" genannten – Bewegung an, die zu einer geeinteren und friedvolleren pluralistischen Weltgemeinschaft beizutragen trachtet, indem sie eine Spiritualität zur persönlichen und gesellschaftlichen Transformation lebt. Wichtig zu ergänzen ist in diesem Zusammenhang, daß all diese modernen spirituellen Bewegungen starke Laien- und religionsübergreifende Dimensionen besitzen.

DIANA ECK: Ich denke, es ist eine Tatsache, daß wir in einer Welt leben, die wirtschaftlich, politisch und im Hinblick auf Umweltfragen eng verflochten ist. So etwas wie „unseren Teil der Welt" oder „unsere Religionsgemeinschaft" gibt es nicht. Wir sind alle zusammen darin. Und doch denke ich, daß eine der erkennbaren Schwierigkeiten darin besteht, daß wir zwar Anzeichen der Hoffnung sehen können, doch auch eine Zunahme des Stammesempfindens, in dessen Kielwasser unsere religiösen und ethnischen Identitäten in immer kleinere Währungseinheiten umgemünzt werden. Wie kommt es, daß Menschen in dieser Zeit des zunehmend globalen Denkens das Gefühl haben, sie müßten sich an immer kleinere und engere Zugehörigkeiten hängen? Anstatt ihre Identität zu finden, indem sie ihre Wurzeln immer tiefer in den Boden ihrer spirituellen Traditionen senken, bis sie schließlich auf jenen tiefen Urgrund stoßen, der uns alle nährt, errichten sie immer höhere Mauern zwischen sich und den anderen. Als religiöse Menschen müssen wir uns fragen: Was in unseren religiösen Traditionen scheint zu diesem ideologischen Mauerbau beizutragen? Ein exklusionistisches Vokabular ist bestimmt ein Faktor.

EWERT COUSINS: Gewiß, Diana, stimme ich mit Ihnen überein, und ich würde sagen, das Bedürfnis, sich in jenen reichen Quellgrund hinabzustrecken, in dem alle Ströme zusammenfließen – oder wie immer wir es umschreiben wollen –, ist einer der Gründe, warum das Klosterleben in der Welt von heute eine ganz besondere Rolle spielen muß. Dies ist bereits seine traditionelle Rolle, doch heute muß sie mit einer religionsübergreifenden Perspektive gespielt werden – wie wir es hier in Gethsemane tun.

Aber ich denke auch, in jeder Zeit des Übergangs besteht eine große Angst, die Angst, daß der Übergang zu einem Verlust an Identität führen werde. Dies ist ein weiterer Grund, warum manche Menschen sich hinter ihre Wände und Mauern zurückziehen. Doch es besteht die Hoffnung, daß wir uns wirklich in einer Phase der Verwandlung befinden, aus der ein neues Bewußtsein geboren wird. Dies ist es doch, worum es geht, und ich denke, wir können es gerade hier geschehen sehen, während und indem wir miteinander sprechen.

LOBSANG TENZIN: Dies erinnert mich an eine Bemerkung Seiner Heiligkeit des Dalai Lama vor einigen Jahren, als er nach seiner Religion gefragt wurde. Er sagte, seine Religion sei liebevolle Freundlichkeit. Und ich denke, dies ist eine Sache, die wir alle hier bejahen können – nicht nur im Prinzip, sondern als etwas, an dem wir uns alle von Herzen beteiligen können. Wir alle brauchen Freundlichkeit. Wir alle müssen freundlich zueinander sein und die Liebe zueinander kultivieren. Die Gründe mögen unterschiedlich sein und die philosophischen Begründungen auseinandergehen, doch die Tatsache bleibt, daß unsere menschliche Gesellschaft ohne Liebe und Freundlichkeit, ohne Mitgefühl nicht überleben kann.

Doch auch die Erde kann sich unsere Rücksichtslosigkeit und Gewalt nicht leisten. So meine ich, daß unsere christlichen Brüder und Schwestern bedenken könnten, daß nicht nur Menschenwesen, sondern alle Lebewesen die Schöpfung Gottes sind und daß wir sie deshalb respektieren sollten. Wir sollten für sie sorgen. Aus buddhistischer Sicht sind wir seit anfangsloser Zeit Teil des Kreislaufs der Wiedergeburt, deshalb sind wir alle auf die eine oder andere Weise miteinander verbunden. Es gibt das buddhistische Prinzip, daß alle anderen Wesen wie meine Mutter zu achten sind, weil sie in irgendeiner Lebenszeit in der Vergangenheit tatsächlich meine Mutter gewesen sein könnten. Aus diesen Gründen, denke ich, können wir alle ein Gefühl der Achtung füreinander kultivieren – die Wichtigkeit der Liebe und des Mitgefühls füreinander wertschätzen. Ungeachtet aller unserer Differenzen sind Liebe und Freundlichkeit

oder Fürsorge füreinander, wie Seine Heiligkeit es aus-
drückte, eine universelle Religion. Das gilt nicht nur für
gläubige Menschen. Selbst Nichtgläubige brauchen Fürsorge, Liebe und Mitgefühl, und sie akzeptieren deren
Wert. Ich hoffe, daß unser Dialog hier der Welt irgendwie
die Wichtigkeit des Mitgefühls in unserem Leben zu vermitteln vermag.

Die Teilnehmer der Gespräche

JOHANNA BECKER, O. S. B., ist Mitglied des Konvents von St. Benedict in St. Joseph, Minnesota. Sie ist Historikerin auf dem Gebiet der asiatischen Kunst und hat in Japan, Indien, China, Taiwan, Korea und Myanmar studiert. Als Mitglied des MID-Rates repräsentierte sie den MID *(Monastic Interreligious Dialogue)*, als S. H. der Dalai Lama 1990 die *Universelle Erklärung zur Gewaltlosigkeit: Die Unvereinbarkeit von Religionen und Krieg* proklamierte.

PIERRE-FRANÇOIS DE BÉTHUNE, O. S. B., leitet das Priorat von Clerlande in Belgien. Berater des Päpstlichen Sekretariats für den Interreligiösen Dialog. Er hat in Japan die zen-buddhistische Meditation gelernt.

JOHN BORELLI ist Mitglied des Sekretariats für Ökumenische und Interreligiöse Angelegenheiten der Katholischen Bischofskonferenz in den Vereinigten Staaten, wo er verantwortlich ist für die Beziehungen zum Buddhismus. 1989 wurde er zum Berater des Päpstlichen Sekretariats für den Interreligiösen Dialog ernannt. Mitglied der Internationalen Buddhistisch-Christlichen Theologischen Begegnung und Berater des MID.

PASCALINE COFF, O. S. B., Gründerin und Oberin des klösterlichen Ashrams Osage+Monastery Forest of Peace in Sand Springs, Oklahoma. Als Gründungsmitglied des MID war sie während der ersten zehn Jahre Herausgeberin von dessen *Bulletin*. Sie nahm an allen Begegnungen mit S. H. dem Dalai Lama und seinen Ordensleuten teil sowie an zahlreichen Dialogen in Europa, Nordamerika und Asien.

JAMES CONNER, O. C. S.O., Abt der Assumption Abbey in Ava, Missoury. In die Gethsemani Abbey in Kentucky trat er 1949 ein und war Student unter Thomas Merton. Seit 1985 Herausgeber des MID-*Bulletin*, 1993–1995 Präsident der Internationalen Thomas-Merton-Gesellschaft.

Mary Donald Corcoran, O. S. B. Cam., Priorin des Transfiguration Monastery in Windsor, New York,. Mitglied des MID-Rates. Sie besuchte 1980 eine asiatische intermonastische Begegnung in Sri Lanka. Autorin von *Spiritual Sisters*, ihrem Dialog mit einer buddhistischen Nonne.

Ewert Cousins ist Professor der Theologie an der Fordham University. Er ist der Chefredakteur des 25-bändigen Werkes *World Spirituality: An Encyclopedic History of the Religious Quest*, und Autor von *Global Spirituality: The Meeting of Mystical Paths*. Er war Berater des Päpstlichen Sekretariats für den Interreligiösen Dialog.

Dhammarakkhita ist Direktor des Mental Energy Research Centre in Rangun, Myanmar. Ausgebildet in Samatha- und Vipassana-Meditation, Autor von: *The Buddhist Way of Mental Culture*.

Julian von Duerbeck, O. S. B., leitet an der St. Procopius-Abbey in Lisle, Illinois die liturgische Abteilung, ist Koordinator eines Programms zum interreligiösen Dialog und ist in der Novizenausbildung tätig.

Diana L. Eck, Professorin für Vergleichende Religionswissenschaften und Indische Studien an der Harvard University, wo sie auch Vorsitzende des Komitees zum Studium der Religion in der Fakultät der Künste und Wissenschaften sowie Mitglied der Fakultät für Theologie ist. Unter ihren Publikationen: *Banaras, Stadt des Lichts, Frankfurt: Insel 1989.*

Zoketsu Norman Fischer ist Co-Abt des San Francisco Zen Center, des Green Gulch Farm Zen Center und des Tassajara Zenshin-ji Monastery. Der 1980 ordinierte Zen-Priester ist Autor von sechs poetischen Büchern.

Mary Margaret Funk, O. S. B., ist Nonne im Our Lady of Grace Monastery in Beech Grove, Indiana (von 1985 bis 1993 als Priorin). Sie ist eine führende Figur in der Herzensgebet-Bewegung und seit 1994 Leiterin des MID. Im Sommer 1995 besuchte sie im Rahmen des buddhistisch-christlichen Austauschs Indien, Nepal und Tibet.

Joseph J. Gerry, O. S. B., Mitglied der Benediktiner-Gemeinschaft der Saint Anselm Abbey in Manchester, New Hampshire, der er

206

1972–1986 als Abt vorstand. Bevor er Bischof von Portland, Maine, wurde, lehrte er Philosophie und Geisteswissenschaften am Saint Anselm College. Seit 1988 im Büro für interreligiöse Beziehungen der Katholischen Bischofskonferenz in den Vereinigten Staaten. 1990 wurde er zum Berater des Päpstlichen Sekretariats für den Interreligiösen Dialog ernannt.

SAMDECH PREAH MAHA GHOSANANDA ist der höchste Patriarch des Buddhismus in Kambodscha. In sämtlichen kambodschanischen Flüchtlingslagern in Thailand sowie in den kambodschanischen Rücksiedelungs-Gemeinden überall auf der Welt richtete er Tempel ein. Maha Ghosananda, der „Gandhi von Kambodscha", wurde für seine Märsche für den Frieden und gegen die Landminen überall in Kambodscha kürzlich für den Friedensnobelpreis vorgeschlagen. Er leitet zur Zeit das Dhammayietra Center for Peace and Nonviolence. Bei Herder/Spektrum erschien: *Wenn der Buddha lächelt. Frieden finden – Schritt für Schritt* (Band 4544).

JOSEPH GOLDSTEIN leitet seit 1974 weltweit Einsichts- und liebevolle-Freundlichkeit-Meditations-Kurse. Mitbegründer und Lehrer der Insight Meditation Society in Barre, Massachusetts. Autor u. a. von: Einsicht durch Meditation, München: O. W. Barth 1989

GUO-CHOU derzeit Direktor der Dharma Drum Mountain Buddhist Association, Vizepräsident der Ch'an Sitting Group des Ch'an Meditation Center in Elmhurst, New York, und Lehrer am Chung-Hwa Institute of Buddhist Culture. Er ist ein Gelehrter der buddhistischen Klosterregeln und sehr geübt in der Ch'an-Meditationspraxis.

ZENKEI BLANCHE HARTMANN, Äbtissin des San Francisco Zen Center. 1977 wurde sie von Zentatsu Richard Baker ordiniert, 1988 erhielt sie die Dharma-Übertragung von Sojun Mel Weitsman. Sie war Teilnehmerin und Leiterin der monastischen Praxis im Tassajara Zen Mountain Center.

P. JEFFREY HOPKINS ist Professor für tibetisch-buddhistische Studien an der University of Virginia und studierte fünf Jahre lang im Lamaist Buddhist Monastery of America. Von 1979 bis 1989 diente er S. H. dem Dalai Lama auf dessen Vortragsreisen in Nordamerika, Südostasien, Australien und Europa als Chefdolmetscher ins Englische. Mehr als zwanzig Bücher, das bekannteste: *Meditation on Emptiness*.

KEVIN HUNT, O. C. S.O., Mönch in der St. Joseph's Abbey in Spencer, Massachusetts. Seit er Anfang der siebziger Jahre Zen-Buddhismus unter Joshu Sasaki Roshi lernte, beteiligte er sich am Dialog mit dem Buddhismus. Er ist Mitglied des MID-Rates und besuchte 1994 Indien, um sich am Dialog mit tibetisch-buddhistischen Ordensleuten zu beteiligen.

JINWOL SUNIM erhielt die vollständigen Mönchsweihen im Haein-Sa, dem größten buddhistischen Kloster Koreas. Dann konzentrierte er sich in den Bergen sechs Jahre lang auf die Son(Ch'an/Zen)-Meditation. Er lehrt derzeit Dharma und Meditation an der California Buddhist Assocation in Berkeley und ist internationaler Berater für die Gesellschaft für Buddhistisch-Christliche Studien.

GILCHRIST LAVIGNE, O. C. S.O.: Das Interesse der im Kloster Our Lady of the Mississippi in Dubuque, Iowa lebenden Ordensfrau am interreligiösen Dialog begann 1964 und vertiefte sich beim Petersham Meeting 1976, wo sie half, den MID zu gründen. Sie studierte für einige Zeit unter Sasaki Roshi am Los Angeles Zen Center und im Mount Baldy Zen Monastery.

LEO D. LEFEBURE, Priester der Erzdiözese von Chicago, ist Dekan der Ecclesiastical Faculty of Theology und Professor für Systematische Theologie am Mundelein Seminary. Er ist Berater des MID und hat eine Ausbildung in Zen- und Vipassana-Meditation erhalten. Autor von *The Buddha and the Christ: Explorations in Buddhist-Christian Dialogue*.

DONALD MITCHELL Professor für vergleichende Philosophie an der Purdue University, wo er auch Vorsitzender des Programms für Religiöse Studien ist. Berater für den buddhistisch-christlichen Dialog des MID und für die Katholische Bischofskonferenz in den Vereinigten Staaten sowie für die Gesellschaft für Buddhistisch-Christliche Studien. Der auch in Zen-Spiritualität erfahrene Autor schrieb u. a. *Spirituality and Emptiness: The Dynamic of Spiritual Life in Buddhism and Christianity*.

Eshin Nishimura erhielt ein etwa vierzigjähriges Rinzai-Zen-Training unter Zenkei Shibayaa Roshi, Mumon Yamada Roshi und anderen Zen-Meistern. Unter Matsuki Gessen Roshi qualifizierte er sich als Lehrer des traditionellen Rinzai-Zen. Derzeit leitender Priester des Kouhuku-ji-Rinzai-Zen-Tempels, Professor für Zen-Buddhismus und Direktor des International Research Institute of Zen Buddhism an der Hanazono Universität in Kyoto, Japan. Autor von *UNSUI: A Diary of Zen Monastic Life.*

Shohaku Okumura ist ein Lehrer des Minnesota Zen Meditation Center in Minneapolis. Er ist ein ordinierter Soto-Zen-Mönch, geübt im klösterlichen Leben in Kyoto und Ehime, Japan. Seit 1988 Gesandter des Hauptquartier des Soto-Zen-Buddhismus.

Bernardo Olivera, O. C. S.O., Generalabt des Trappistenordens (Zisterzienser von der strengen Observanz). Er war Novizenmeister und später Abt. Seit 1990 lebt er als Generalabt in Rom und besucht Trappistenklöster überall auf der Welt. Dom Olivera war verantwortlich für die Behandlung der Todesfälle und die Organisation des Begräbnisses der sieben im Jahre 1996 in Algerien ermordeten Trappistenmönche, weil das Mutterhaus jenes Klosters damals keinen Abt hatte.

Basil Pennington, O. C. S.O., dient heute seinen chinesischen Trappisten-Brüdern im Our Lady of Joy Monastery auf der Insel Lantau in Hongkong. Autor von über vierzig Büchern –, u. a. über das kontemplative Leben und das Herzensgebet.

Chuen Phangcham, Lehrer des Midwest Buddhist Meditation Center in Warren, Michigan. Er lehrt Vipassana-Meditation am Wat Dhammaram in Chicago und ist Präsident des Buddhist Council of the Midwest sowie Co-Präsident des American Buddhist Congress.

Havanpola Ratanasara, Patriarch der westlichen Hemisphäre für den Srilankesisch-Siamesischen Zweig des Mahasangha, ist Präsident des Buddhist Sangha Council of Southern California, Präsident des College of Buddhist Studies in Los Angeles und des American Buddhist Congress und stellvertretender Leiter des Buddhist-Catholic Dialogue in Los Angeles. Unter seinen Büchern: *A Buddhist Psychological View of Personality, Growth and Development.*

SHARON SALZBERG hat bei monastischen Lehrern aus vielen Ländern gelernt, darunter Indien, Myanmar, Nepal, Bhutan und Tibet. Sie unterrichtet sowohl Übungen zur Bewußtseinsentfaltung als auch die Kultivierung von liebevoller Freundlichkeit und Mitgefühl. Mitbegründerin der Insight Meditation Society in Barre, Massachusetts und des Barre Center for Buddhist Studies. Unter ihren Büchern: *Geborgen im Sein. Die Kraft der Metta-Meditation, Frankfurt: W. Krüger 1995.*

SAMU SUNIM ist ein buddhistischer Mönch im koreanischen Chogye-Orden. Er ist Dharma-Nachfolger von Son-Meister Solbong Sunim (1890–1969) und Präsident der Buddhist Society for Compassionate Wisdom. Gründer und Meister der drei Tempel der Society in Toronto, Ann Arbor und Chicago.

SHENG-YEN ist der einzige Ch'an-Meister im Westen, und der einzige Repräsentant sowohl der Lin-chi- (Rinzai-) als auch der Tsaotung- (Soto-) Tradition. Er ist Direktor von Dharma Drum Mountain und Abt der beiden Klöster in Taiwan und unterrichtet am Ch'an Meditation Center in Elmhurst, New York. Autor von mehr als 60 Büchern, darunter: *Hege die Äste, um die Wurzeln zu schützen, München: O. W. Barth 1996*

JUDITH SIMMER-BROWN, Vorsitzende des Religious Studies Department am Naropa Institute in Boulder, Colorado, im Vorstand der Gesellschaft für Buddhistisch-Christliche Studien und im Verwaltungsrat von Shambhala International. Aktiv im buddhistisch-christlichen Dialog, Mitglied des International Buddhist-Christian Theological Encounter.

LHUNDUP SOPA ist Professor für Südasiatische Studien an der Universität von Wisconsin. Er studierte an der Seraje-Klosteruniversität in Lhasa und war ein Prüfer Seiner Heiligkeit des Dalai Lama. Geshe Sopa war Präsident des Tibeto-Mongolian Monastery in Farmingdale, New Jersey, und ist Gründer des Deer Park Buddhist Monastery and Center bei Madison, Wisconsin.

DAVID STEINDL-RAST, O. S. B., Seniormitglied des Benediktinerklosters Mount Saviour in New York. Im buddhistisch-christlichen Dialog engagiert er sich seit 1965. Seine Zen-Lehrer waren Yasutani Roshi, Suzuki Roshi, Soen Roshi und Eido Roshi. Zahlreiche

Bücher zur spirituellen Praxis, bei Herder/Spektrum: *Staunen und Dankbarkeit. Der Weg zum spirituellen Erwachen* (Band 4424); *Fülle und Nichts. Von innen her zum Leben erwachen* (Band 5026).

Lobsang Tenzin spiritueller Leiter des Losel Shedrup Ling, eines tibetisch-buddhistischen Instituts in Atlanta, Georgia, wo er auch an der Emory University lehrt. Er verbrachte elf Jahre als Mitglied der Buddhist School of Dialectics, eines Klosters in Dharamsala, Indien, unter der Leitung Seiner Heiligkeit des Dalai Lama. Er erhielt den Geshe Lharampa-Titel von der Drepung Loseling Kloster-Universität.

Tenzin Gyatso, S. H. der 14. Dalai Lama, ist der spirituelle Führer des tibetischen Volkes. Angesehen als die Manifestation des Bodhisattva Avalokiteshvara, lebt S. H. heute als Oberhaupt der tibetischen Exilregierung in Dharamsala, Indien. In Anerkennung seines Werkes für den individuellen und den Weltfrieden empfing er zahlreiche humanitäre und Menschenrechts-Auszeichnungen und 1989 den Friedensnobelpreis. Zahlreiche Publikationen: Bei Herder/Spektrum: u. a. *Einführung in den Buddhismus; vision des Herzens; Sehnsucht nach dem Wesentlichen; Tod und Unsterblichkeit im Buddhismus;* (vgl. auch Ausgabe zum Autor, S. 2 dieses Buchs).

Pandith M. Vajiragnana wurde 1985 zum Abt der London Buddhist Vihara ernannt, und 1990 vom Supreme Sangha Council of Sri Lanka zum Sangha Nayake. Vizepräsident des World Buddhist Sangha Council, britischer Repräsentant der Maha Bodhi Society, Mitbegründer des British Inter-Faith Network. Aktiv im buddhistisch-christlichen intermonastischen Dialog in Europa, Autor zahlreicher Bücher.

Armand Veilleux, O. C. S.O., Mitglied des Generalrates und Generalprokurator des Zisterzienserordens in Rom. Er lehrt auch an der Ordenshochschule von Sant' Anselmo in Rom und nahm an den asiatischen monastischen Begegnungen in Bangalore 1973 und in Kandy 1980 teil. Gründungsmitglied des MID und einer seiner Berater.

James Wiseman, O. S. B., ist Mitglied der Benediktiner-Gemeinschaft der St. Anselm's Abbey in Washington, D. C. Er war acht

211

Jahre lang Abt, weitere zehn Jahre Novizenmeister und ist derzeit Prior der klösterlichen Gemeinschaft. Außerordentlicher Professor für Theologie, Vorsitzender der theologischen Fakultät an der Katholischen Universität von Amerika, Vorsitzender des MID.

YIFA ist Nonne des Fokuangshan-Buddhistenorden in Taiwan. Sie ist eine Gelehrte der chinesischen Ch'an-klösterlichen Regel und Mitglied des International Buddhist-Christian Theological Encounter. Dekanin für akademische Angelegenheiten an der Hsi Lai Universität in Rosemead, Kalifornien.

Glossar

(A = aramäisch, C = chinesisch, G = griechisch, J = japanisch,
K = koreanisch, L = lateinisch, P = Pali, R = russisch, S = Sanskrit,
T = tibetisch, Th = Thai)

Abba (A): Vater; Anrede Gottes, Bezeichnung für früh-
christliche Mönche, die an Jahren und Weisheit fortge-
schritten waren

abhängiges Entstehen: der wechselseitig abhängige Prozeß,
durch den Dinge ins Dasein kommen, erhalten werden
und wieder vergehen; die Dynamik der Leerheit

anatta (P) *[anatman/anatma* (S)]: Nicht-Selbst; die Abwesenheit jeglicher substantieller Natur des Selbst

Arhat (P): ein Edler; eine heilige Person, die das Nirvana erreicht hat und frei ist von allen Verunreinigungen und
Unwissenheit

Benediktiner: Angehörige des durch Benedikt von Nursia
gegr. katholischen Ordens, der nach der Ordensregel des
Gründers aus dem 6. Jahrhundert lebt

Bhavana (P/S): mentale Kultivierung durch Meditationspraxis

Bhikkhu (P) *[bhikshu* (S)]: männlicher buddhistischer Ordensangehöriger

Bhikkhuni (P) *[bhikshuni* (S)]: weibliche buddhistische Ordensangehörige

Bodhisattva (S): jemand, der zum Wohle aller lebenden Wesen den Pfad zur Buddhaschaft beschreitet, ein zukünf-
tiger Buddha

Bodhisattvayana (S): anderer Begriff für den Mahayana-Buddhismus, weil dieser das Bodhisattva-Ideal hervorhebt

Brevier: eine für Priester und Ordensleute ausgewählte Sammlung kirchlicher Gebete und Lesungen für bestimmte Zeiten im Tageslauf; die Stunden-Gebete

Buddha (P/S): ein erleuchtetes Wesen; Titel des historischen Buddha, Gotama Buddha (563–483 v. Chr.); Titel vieler Buddhas in der Mahayana-Tradition

Buddha-Natur: die essentielle erleuchtete Natur aller Wesen; die Natur von Licht und Leerheit

Buddhaschaft: das Ziel des Mahayana-Buddhismus, das die Vollendung von Weisheit und Mitgefühl durch den Bodhisattva-Pfad mit sich bringt

caritas (L) [agape (G)]: Liebe oder Nächstenliebe; Liebe zu Gott und zum Nächsten in Gott, die über menschliche Gefühle und Zuneigung hinausgeht

Ch'an (C): Bezeichnung des chinesischen Zweiges des Buddhismus, bekannter unter dem japanischen Namen Zen

contemplatio (L): Ruhen, Verweilen in Gott, jenseits von Worten und Bildern; begnadeter Zustand der Meditation im christlich-mystischen Leben

Devas (S): Gottheiten, die sich nach buddhistischer Vorstellung innerhalb der Welten des abhängigen Entstehens befinden

Dhamma (P) [Dharma (S)]: Wahrheit; wahre Natur und Gesetz aller Existenz; die Lehren des Buddha

Dharmakaya (S): Körper des Dharma; ewige Essenz der Buddhaschaft

dukkha (P/S): der unbefriedigende Zustand der menschlichen Existenz

Eucharistie (G): das Sakrament des heiligen Abendmahls, bei dem Brot und Wein und nach katholischer Lehre in Leib und Blut Christi verwandelt und in der heiligen Kommunion ausgeteilt werden

Ew., Ehrwürdige(r): Titel buddhistischer Ordensleute

Gelugpa (T): eine Schule des tibetischen Buddhismus, gegründet im 14. Jahrhundert, geleitet von Seiner Heiligkeit dem Dalai Lama

Geschicklichkeit in der Methode *[upaya* (S)]: Mittel, das ein Wesen in den Zustand der Erleuchtung und Befreiung vom Leiden bringen soll

Geshe (T): hoher akademischer Titel im tibetischen Buddhismus

Gottheits-Yoga: tantrische Praktik, bei der man Visualisation einsetzt, um in Übereinstimmung mit dem Visualisierten verwandelt zu werden

Haushälter: buddhistische Bezeichnung für verheiratete Laien

Heiligung: der Vorgang in der christlichen Spiritualität, durch den man teilhat an dem göttlichen Wirken; Wachstum im göttlichen Leben

Hesychasmus (G): Gebetspraxis einer mystisch-asketischen Tradition im ostkirchlichen Mönchstum, die im 12. Jahrhundert vom Berg Athos ausgegangen ist

Jesuiten: Mitglieder der Societas Jesu (SJ, „Gesellschaft Jesu"), eines 1534 von Ignatius von Loyola gegründeten katholischen Ordens

Jesus Christus (G): Name des Begründers des Christentums; „Jesus" ist die griech. Form des hebräischen „Joshua" und bedeutet Erlöser; „Christus" ist das griech. Wort für das hebräische „Messias" und bedeutet „Gesalbter"

Jhana (P) *[Dhyana* (S)]: Zustand tiefer Meditation

Kagyüpa (T): im 11. Jahrhundert gegründete Schule des tibetischen Buddhismus

Karma (S) [Kamma (P)]: menschliches Handeln und seine moralische Auswirkung im Handelnden

Kenosis (G): Ausleerung; das Selbst-Leeren Christi in Inkarnation und Kreuz; ein asketisches Element in der christlichen Spiritualität vor allem in der östlichen Tradition

215

khandhas (P) *[skandhas* (S)]: die „Aggregate", die alle Existenz bilden; es gibt fünf Aggregate zur menschlichen Existenz: Körper, Wahrnehmungen, Gefühle, Willen und Gedanken

Koan (J): paradoxe Aussage, kann zur Praxis der Zen-Meditation verwendet werden

Lama (T) [Guru (S)]: Erhabener, tibetisch-buddhistischer Ordensangehöriger

lectio divina (L): andachtsvolles, meditatives Lesen der Bibel oder anderer geistlicher Werke, die sich auf sie beziehen

Leerheit *[shunyata* (S)]: die höchste Natur aller Phänomene, die Abwesenheit einer inhärenten Existenz von Dingen – alle Dinge steigen in gegenseitiger Abhängigkeit von einander auf.

Madhyamika (S): eine der größeren philosophischen Schulen des Mahayana-Buddhismus; Schule des mittleren Pfades, gegründet von Nagarjuna, betont die Lehre von der Leerheit

Mahayana (S): das „große Fahrzeug", eine der beiden Hauptrichtungen des Buddhismus (die andere: Theravada); die Form des Buddhismus, die traditionell in Tibet und Ostasien praktiziert wird

Mantra (S): Gebetswort oder kurzer Satz, der in der spirituellen Praxis wiederholt wird

meditatio (L): allgemein gehaltenes Nachsinnen über einen sakralen Text oder Gegenstand

Messe: die Feier der christlichen Eucharistie

Meßbuch: Buch, das die Gebete und Lesungen zur heiligen Messe enthält

mondo (J): eine Zen-Geschichte

Mulasarvastivada (S): s. Sarvastivada

Nagarjuna: indischer, buddhistischer Philosoph im 2. oder 3. Jahrhundert, Gründer der Madhyamika-Schule des buddhistischen Denkens

Nibbana (P) [Nirvana (S)]: der finale Zustand der Loslösung, folgend der vollen Erleuchtung

Nyingmapa (T): älteste Schule des tibetischen Buddhismus, läßt sich bis ins Jahr 747 zurückverfolgen, als der Buddhismus von Padmasambhava nach Tibet eingeführt wurde

Oratio (L): Gebet, Stundengebet

Ostermysterium: der christliche Glaube, daß Jesus Christus nach dem Tod zum neuen Leben auferstanden ist und damit anderen dieses neue Leben erschlossen hat

Pali: Sprache, in der die ältesten heiligen Schriften des Buddhismus aufgezeichet wurden; religiöse Schriftsprache im Theravada-Buddhismus

paramita (S): Vollendung; Tugend; sechs oder zehn Praktiken, die traditionell mit dem Bodhisattva-Pfad assoziiert werden

Patimokkha (P) *[Pratimoksha* (S)]: die buddhistische Klosterregel für Mönche und Nonnen

Perichorese *[perichoresis (G)]:* die Lehre von der Einheit und wechselseitigen Durchdringung der drei göttlichen Personen Vater, Sohn und Heiliger Geist in der Trinität

Prasangika (S): eine der Interpretations-Richtungen der Madhyamika-Philosophie

Rimpoche (T): Kostbarer; Titel für einen spirituellen Meister im tibetischen Buddhismus

Rinzai (J): eine der beiden Hauptrichtungen des japanischen Zen-Buddhismus (die andere: Soto); gebraucht die *koan*-Praxis

Roshi (J): Titel eines Zen-Meisters

Sakrament: im christlichen Verständnis Zeichen des Heils; die wichtigsten Sakramente gemäß katholischem Glauben sind Taufe, Eucharistie, Ehe, Krankensalbung

Samadhi (P/S): Konzentration; die achte Stufe von Buddhas Achtfachem Pfad *samatha* (P/S): Gelassenheit; beruhigende Meditation *(samatha bhavana)*

Samsara (P/S): die vergängliche Welt der Wiedergeburt

Sangha (P/S): klösterliche Gemeinschaft im Buddhismus; Gemeinschaft von Buddhisten

Sanskrit: uralte Sprache Indiens, in der die heiligen Schriften des Mahayana-Buddhismus abgefaßt sind

Sarvastivada (S): eine Schule des frühen Buddhismus, verknüpft mit demTheravada

satori (J): Erwachen des wahren Selbst im Zen-Buddhismus

Sautrantika (S): eine der frühen Schulen des Buddhismus, verknüpft mit dem Theravada

sila (P/S): ethische Gebote, die von Buddhisten gelebt werden sollen

Son (K): der koreanische Zweig des Buddhismus, bekannter unter dem japanischen Namen Zen

Soto (J): eine der beiden Hauptrichtungen des japanischen Zen-Buddhismus (die andere: Rinzai); betont nur die Meditation

Staretz (R; Plural: *Startsi):* erfahrener spiritueller Führer der Ostkirche

Sunim (K): Titel für einen Son-Meister

Sutta (P) [Sutra (S)]: Schrift; Text

Tantras (S): esoterische Mahayana-Texte Indiens, die in bestimmten tibetisch-buddhistischen Praktiken verwendet werden

tathagata (P/S): [„der so Dahingelangte"], ein Attribut Buddhas

Theravada (P/S): die „Schule der alten" Mönche, eine der beiden Hauptrichtungen des Buddhismus (die andere: Mahayana); die Form des Buddhismus, die traditionell in Sri Lanka und Südostasien praktiziert wird

Trappisten: Angehörige des Reformierten Zisterzienserordens (Zisterzienser von der strengen Observanz), der 1664 im Kloster von La Trappe (Normandie) gegründet wurde

218

Vaibhashika (S): eine der frühen Schulen des Buddhismus, verwandt mit dem Theravada

Vajrayana (S): Diamant-Fahrzeug; bezieht sich auf tibetisch-buddhistische Praxis

Vesper: Abendgebet, Teil des Stundengebetes

vijnana (S): Bewußtsein, das Unterscheidungen trifft

Vinaya (P/S): Sammlung von frühbuddhistischen Schriften mit den Regeln für das klösterliche Leben

Vipassana (P): Einsicht, Einsichts-Meditation (*vipassana bhavana*)

Wat (Th): buddhistische Tempel- oder Klosteranlage

Yogachara (S): eine der großen philosophischen Schulen des Mahayana-Buddhismus; die Nur-Geist-Schule des Mahayana-Buddhismus

Zafu (J): Kissen, verwendet bei der Zen-Meditation

Zazen (J): Zen-Meditationspraxis

Zendo (J): Raum für die Zen- Meditationspraxis

Zisterzienser: Angehörige eines katholischen Reformordens, der in Citeaux (Frankreich) im Jahre 1098 von Robert des Molesmes gegründet wurde und nach der Regel des hl. Benedikt lebt

Dalai Lama

Unsere spirituelle Sehnsucht
Religiöse Erfahrung als Brücke zwischen
Buddhisten und Christen
Band 4758

Für das neue Jahrtausend – ein Pfad gemeinsamer Spiritualität. Zeugnis
eines religionsübergreifenden Dialogs, ganz praxisbezogen und lebensnah.

Dalai Lama
Vision des Herzens
Wieso ich optimistisch in die Zukunft sehe
Band 4727

Der Dalai Lama ist überzeugt: Der Pfad zum Glück steht uns allen
offen, als einzelnem und als Gemeinschaft.

Dalai Lama
Tod und Unsterblichkeit im Buddhismus
Über die Buddha-Natur
Vorwort von Václav Havel
Band 4555

Wegweisende und grundsätzliche Antworten auf Kernfragen
menschlichen Lebens.

Dalai Lama
Tibet – Ort der Götter, Land der Tränen
Hrsg. von G. van Grasdorff
Band 4497

Der Dalai Lama über die Vergangenheit, Gegenwart und Zukunft Tibets
und über die Hoffnung auf eine Rettung dieser Kultur.

Dalai Lama
Der Friede beginnt in dir
Wie innere Haltung nach außen wirkt
Band 4451

Die moderne Auslegung der wichtigsten Lehren über den Weg zu innerem
und äußerem Frieden. Einer der schönsten Texte des Buddhismus.

HERDER / SPEKTRUM

Dalai Lama
Mitgefühl und Weisheit
Ein großer Mensch im Gespräch mit Felizitas von Schönborn
Band 4288

In diesem Gespräch wird die Botschaft des Dalai Lama – auch zur
weltpolitischen und ökologischen Lage – plastisch und begreifbar wie
nie zuvor. Das Tor zum tibetischen Buddhismus.

Dalai Lama
Einführung in den Buddhismus
Die Harvard-Vorlesungen
Band 4148

Die unauslotbare Tiefe der buddhistischen Weisheitstradition – von
einer der großen geistigen Gestalten der Gegenwart auf einzigartige
Weise erschlossen.

Dalai Lama
Zeiten des Friedens
Band 4065

Einer der großen geistigen Führer unserer Zeit gibt der Sehnsucht nach
Frieden wichtige spirituelle Impulse.

Claude B. Levenson
Ein Dalai Lama wird geboren
Wiedergeburt und Berufung des 14. Dalai Lama
Band 4710

Das spannende Sachbuch über das Auffinden der Reinkarnation des
„Buddha der Leidenschaft". Und zugleich über die geistigen Kräfte einer
jahrtausendealten Kultur.

Dalai Lama/Jean-Claude Carrière
Die Kraft des Buddhismus und der Zustand der Welt
Bewußter leben in der Welt von heute
Band 4463

Westen und Osten begegnen sich im Dialog, lebendig, erzählerisch,
informativ – und zukunftsorientiert.

HERDER / SPEKTRUM